かなえる力

ＮＳＧグループ代表
アルビレックス新潟会長
池田弘

東京書籍

はじめに

がんばってここまでやってきたけど、なんとなくものたりなさを感じている――。できたらいまよりもっと充実感のある人生を送りたい――。自分はもちろんのこと、人のためにもなるような人生にしたい――。

そんなふうに向上心が高く、自分以外の人を思いやる気持ちを持ち、なおかつ新たなことへ挑戦したいという思いを内に秘めている人たちに向けて、私はこの本を書きました。

それではどうすれば、こうした思いや願いをかなえることができるのか。

それは一言でいえば、自分の「夢」をしっかりとした形でつくり、また「志」をきちんと立てることです。そして、それをたえず意識しながら動くことができるようになれば、これらの思いを必ずやかなえることができるでしょう。

そして、そのような生き方ができるようになればもちろん、ここにあげた以外のこと、つまり、あなたが心から願っていることも、かなえやすくなることでしょう。

これはなにをするときでも同じですが、目標が明確になっていて、それをたえず意識している状態のほうが力を発揮しやすいものです。それは自分が目指していること、そして進むべき方向が明快だからです。

このような状況にあるとき、人は自信を持って意欲的に行動することができます。賢い人は目標達成のためになにが必要になるかを自分自身で考えて、工夫をしながらいろいろな方法を試したりすることもできるでしょう。

目指すべきもの、進むべき道がしっかりと見えていると、このように自分自身でいろいろなことを考えながら、主体的、積極的に動くことができるわけです。

もちろん、このようにして動いたからといって、結果がすべていい方向にいくとはかぎりません。その人の力不足、運のなさなどによって、目標を達成できないことだって当然あります。

それでも意欲的に取り組んでいるときのほうが、ただなんとなく取り組んでいるときより、好結果により結びつきやすいのはたしかなようです。その点からいうと、やはりなにをするときであっても、目標を明確にして、それを意識しながら取り組むことが大事だといえます。

そして、いまのことは人生においてもそのまま当てはまります。それは目標がないまま生きているより、目標を決めてそれを意識しながら生きたほうが、より大きい豊かなものが得やすい人生になる、という意味です。

なによりもこのような生き方をしている人のほうが、毎日の生活の中で得られる充実感は大きくなります。

もちろん、その人が掲げている目標が大きければ、並大抵のことでは達成の喜びを得ることはできません。しかし、人生の喜びというのは、そのように成し遂げたことの大きさだけで決まるような単純なものではありません。たとえば、そこに至るまでに、その人がどのような心持ちで、どのような気分で過ごしたかによって、大きく変わるものなのです。

極端なことをいうと、得られた成果はたとえ大きなものではなかったとしても、目標に向かって真剣に取り組み、努力することができれば、それだけで毎日の生活の中で得られる充実感は大きくなります。

それに達成の喜びが加わればいうことはありません。そのとき得られる充実感は当然、より大きくなります。

このように人生の目標とは、私たちに大きな喜び、そして充実感を与えてくれるものなのです。


人生の目標は、充実した人生を送るために欠かせないものだといえます。それでは、私たちは人生の目標をいつ、どのような形でつくっているのでしょうか。

人生の目標といういい方をすると、なんだか堅苦しいものに思えるかもしれません。しかし、これを冒頭で使った「夢」や「志」という、みなさんがふだんから聞き慣れている言葉に置き換えると、途端に身近なものになったような気がするのではないでしょうか。

厳密にいうと、「夢」と「志」は異なるものです。どこがどうちがうかについては、後にあらためて詳しく触れます。本書を読み進めながら理解を深めてください。ここではとりあえず、人生の目標というのは「夢」や「志」とほぼイコールである、というふうに覚えておいてください。

私は本書を通じて、人生の目標づくりと、それを強く意識した生き方をみなさんに強く勧めたいと考えています。ここに書かれていることはすべて、神主として、教育者として、あるいは起業家として、私がこれまでの人生で経験してきたこと、感じてきたことがベースになっています。それは「夢」や「志」づくりのための哲学であり、それらを「絵に描いた餅」にしないで確実にかなえていくための方法論であるといってもいいでしょう。

そして、冒頭で述べたように、私はこれらの考えを、向上心が高く、自分だけではなくまわりのことを思いやる心を持っている人たち、あるいは新たなことへの挑戦を強く望んでいる人たちに、ぜひ役立てていただきたいと考えています。

これらの哲学や方法論を利用してどんなことに挑戦するかは、もちろんみなさんの自由です。しかし、率直な思いを述べておくと、私は長らく起業の支援や地域興しに取り組んできたので、本書に啓発されて、これらのことに取り組む人が一人でも二人でも出てくることを願っています。

私とまったく同じとは思っていませんが、似たような思いを持っている人たちに、これらの考えをぜひ役立ててもらいたいと考えているのです。

もちろん、本書が伝えている哲学や方法論は、それ以外のことにも活用することができるでしょう。おそらく私がまったく想定していなかったような願いをかなえるときにも必ずや役立つことでしょう。それはそれで、私自身、楽しみにしています。

この本との出合いが、みなさんの人生をよりよい方向に変える大きなきっかけになりますように——。

池田弘

目次

第2章 「志」の力

第3章

夢や志の描き方

第4章 「大きな夢」「高い志」を描くのに必要なこと

第5章 「かなえる力」を磨く

最終章

みなさんへ——あとがきに代えて

第1章

「夢」の力

●目標がある人生、ない人生

充実した人生を送るには、目標を持つことが大事です。そして、この目標は、具体的であればあるほどいいようです。

私のことをよく知らない人のために、自己紹介などをまじえながら話を進めていくことにします。私は長年、新潟の小さな神社で宮司（神主）をしながら、教育事業を中心に、医療や福祉、そのほか様々な事業を展開するＮＳＧグループの代表を務めてきました。また、Ｊ１のサッカークラブ、アルビレックス新潟をはじめとする数々の地域密着型スポーツ事業のサポートを行ったり、異業種交流会を主催してベンチャー企業の育成をしたりすることにも努めてきました。

こうした活動を通じて、自分自身、多くのことを経験することができました。また、近隣の人たちや学生、スポーツ選手や経営者などと幅広く交流があったので、多くの人たちの人生を間近で見ることができました。最初に述べたことは、それらの貴重な経験を通じて実感していることです。

目標がないとき、あるいは目標を見失っているときというのは、すべてにおいて受け身になりがちです。おそらくこうした経験は、だれにでも一度や二度はあるでしょう。目指すべきもの、進むべき道がよくわからないときには、自分でなにかを決めるのが非常に困難です。それは判断のための物差しがないようなものだからです。

こういうときというのは、なにを考え、どのように動くことが自分にプラスになるかマイナスになるかがよくわかりません。そのため思考や行動が、どうしても慎重になりがちです。

このように目標がなかったり、目標を見失っていたりする状態が一時的なものであれば、それによるマイナスの影響は少ないと思われます。しかし、この状態が長引くと、不都合なことが起こるのは避けられなくなります。それは人生には、進学や就職など大きな決断が迫られることが節目節目にあるからです。

こういう節目のときには、本人の意思に関係なく、嫌でも動くことが求められます。それはだれであっても同じです。だからそのときに、具体的な目標どころか、漠然とした目標さえ設定できなかったりすると、たいへんなことになるわけです。

ちゃんとした目標が見つけられないでいる人は、こういうときにはあまりやりたくないことをやることになりがちです。あるいは自分で道を決められずに、だれかに促されるまま動くことになったりします。本人は「一時しのぎのつもり」かもしれませんが、当面の目標が設定できたことで「自分の目標が見つかった」と錯覚を起こして、そのまますするずるといってしまうことも多いようです。

現実にこのような生き方をしている人はいます。それは決して少数派とはいえない数になっているようです。社会に出てからも迷い続けて、目標を探していたりする人などはその典型です。あるいは、だれかが敷いたレールの上をひたすら進むような生き方をしている人などもこの類に入ります。

人生に正解はないし、人それぞれのいろいろな人生があります。このように生きるのも一つの生き方で、悪いことだとは思いません。しかし、もしもその人が迷いながら生きていたり、自分で考えて決めることをせずに生きていたりすると、得られる充実感が小さいことはまちがいありません。そして、このような人生はやはり、充実したものとはいい難いのではないでしょうか。

それでは反対に、目標がはっきりしている場合はどうでしょう。少なくともこのようなときには、思考や行動がより積極的になります。これは設定している目標が具体的であればあるほど、途中で迷ったり悩んだりすることが少なくなるようです。

それは目指すべきこと、進むべき道がはっきりしているので、必要なことを考えやすいからです。こういう場合、目標達成のためにするべきことを、より細かなところまで決めることができます。だから迷うことが少なくなるのです。

そして、これが人生における目標を具体的に持っていることの強みでもあるわけです。

●夢、それは充実した人生に欠かせないもの

この本の最初にいいましたが、人生の目標は「夢」という言葉に置き換えることができます。そして、いまの話は、「人生の目標」を「夢」という言葉に置き換えてみると、よりわかりやすくなります。

夢があるときとないときでは、考え方や動き方はまったく変わります。夢がないときよりあるときのほうが思考はポジティブだし、より積極的に行動できるからです。

夢の力はそれだけではありません。夢には私たちが想像している以上の、より大きな

力があります。

目標は達成できないより達成できたほうがいいものです。それは夢もまったく同じです。そして、夢がかなったときには大きな喜びを得ることができるし、この喜びはかなえるのが難しい大きな夢であればあるほど大きくなるようです。

それでは夢がかなわなかった場合はどうか。もちろん、そのときにはだれもが悲しい思いをすることになるでしょう。しかし、かなわなくても、必ずしもそれが最悪の状態であるとはいえないのが夢なのです。

結果はどうあれ、夢には持つだけで人を元気にする力があります。大きな夢を持つことは、大きな希望を持つことにそのままつながります。夢がかなわなくても、夢に向かって一生懸命がんばることができていれば、それだけでなんとなく充実した気分になったりするのです。

また、自分にこれといった夢がなくても、まわりのだれかが夢を持ってがんばっている姿を見るだけで、こちらまで不思議と元気にさせられたり、明るくなったりすることもあります。これもまた、夢が持つ不思議な力の一つの例です。

夢のあるところには、このように希望や活力があります。夢は人を元気にしてくれます。夢は充実した人生を送るために、欠かせないものだということもできます。

●「夢の力」は種類によって異なる

夢にはいろいろな種類があります。子どもの頃に描いた「野球選手になりたい」「サッカー選手になりたい」「ケーキ屋さんになりたい」というのは、「将来の夢」です。また、学校の部活などで仲間と一緒に次の大会での優勝を目指したり、友人と新しいビジネスを成功させたりといった、「だれかと一緒に目指す形の夢」もあります。

あるいは、ひいきにしているサッカークラブの優勝などのような、自分が直接関わらない夢の形もあります（もちろん応援はしますが）。これは自分の人生を直接左右するものではないので、日常的ではないという意味で「非日常的な夢」というふうにいうことができます。

これらの夢は、かなり具体的な形をしています。しかし、もっと漠然とした形の夢もあります。「幸福になりたい」とか「豊かな気分で暮らしたい」といったものです。これもまた、夢の一つの形です。

このように一口に夢といっても、たくさんの種類があります。具体的なものから漠然としたものまで、形は本当に様々です。また、夢の描き方のほうもいろいろあります。自分一人で描く夢もあれば、だれかと一緒に目指したり、あるいはもっと大勢の人たちと共有したりする夢もあるというふうにです。

そして、夢はどんな形、どんな描き方をしても、描いた人に充実した気分を与える力を持っています。これが夢の力のすごいところです。

とはいえ、すべての夢が同じ程度の力を持っているということはありません。夢の力は、描く人の好みや性格などによってかなり異なります。

それでも一般的には、漠然としたものより具体的な夢のほうが力があるし、大勢の人と共有する夢より自分一人で描く夢のほうがより大きな充実感を与えてくれるといえます。これは私が体験的に実感してきたことです。

●「アルビレックス」が果たしている役割

私がライフワークとして行ってきたものの一つに、地域密着型スポーツ事業のサポートがあります。サッカーやバスケットボール、野球、それからチアリーディング、スキー、スノーボード、陸上競技など、これまで様々なスポーツ事業に関わってきました。

これらの目的は、地域の人たちの夢や希望になるものをつくることです。この趣旨に賛同してくれた多くの人たちの協力を得て、どのスポーツ事業も一定の成果を上げています。

この中で最も成功し、また広く知られているのは、やはりＪ１所属のサッカークラブ、アルビレックス新潟のケースでしょう。私は草創期からこのクラブの運営に関わり、いまも会長職にあります。

ここに至るまでの道程は、決して順風満帆ではありませんでした。しかし、アルビレックス新潟というクラブはいまでは多くの人たちから愛される、新潟という地域になくてはならない存在になっています。多くの人たちがアルビレックス新潟を通じて夢を共有し、充実感を得ているのです。

こうしたことは、以前の新潟では考えられませんでした。アルビレックス新潟ができる以前の新潟は、「サッカー不毛の地」とか「スポーツ不毛の地」と評されていました。人々がスポーツ観戦で盛り上がるような場所ではなかったのです。

それが地域のクラブができたことで雰囲気が大きく変わりました。いまではサポーターの中に、クラブの活躍を心から願って、それを自分の人生の喜びのように感じてくれている人がたくさんいるわけです。これは草創期から関わってきた私にとって、無上の喜びになっています。

そして、新潟にはサッカークラブ以外にも、「アルビレックス」の名前を冠したスポーツクラブがいくつもあります。bjリーグに所属するバスケットボールチーム、BCリーグに所属する野球チーム、それにチアリーディング、スキー、スノーボード、陸上競技などのチームです。関わり方に差はありますが、私はこれらの運営にすべて関わってきました。もちろん、目的はみなほぼ同じで、新潟という地域を元気にするためです。

これらもまた、いずれもサッカークラブと同じように、地域の人たちに夢を与える場になっています。まさしく私のねらいどおりで、スポーツ事業のサポートを一生懸命やってきて本当によかったと思っています。

●自分で動いたほうが充実感は大きい

これらのアルビレックスが提供しているのは、いずれも先ほど述べたところの「非日常的な夢」ということができます。どのアルビレックスも新潟の人たちに元気を与える存在になっていますが、応援する人たちがそこで描く夢は、彼らの人生と直接関係のあるものではありません。むしろ日常と離れたところにあるものといえます。

ただし、中にはこれらのアルビレックスを日常的な夢の場として見ている人たちもいます。それはアルビレックスを夢が与えられる場ではなく、夢を実現できる場として考えている人たちです。それはつまり、これらのアルビレックスが地域の人たちが夢を共有する場所としてだけでなく、刺激を受けて夢を描いたり、その夢を実現する場所になったりしているということです。

たとえばサッカーの例でいうと、アルビレックス新潟ができたことによって、地域の人たちはＪ１という日本のサッカーのトップレベルの試合を間近で見られるようになりました。そして、これに大いに刺激を受けて、自分自身もプロのサッカー選手になることを真剣に夢見るようになった子どもたちが地域に増えているのです。彼らは地域のクラブを通じて、サポーターとして得られるのとはまた別の充実感を得ることができているようです。

もちろん、彼らもふだんは、一サポーターとしてアルビレックス新潟の試合を応援しています。しかし、ふつうのサポーターたちとちがって、クラブを単なる応援の対象としては見ていないから、得られる充実感の質がちがうというわけです。

この思いは当然、人によって差があります。多くの子どもたちがアルビレックス新潟から大きな刺激を受けているのはまちがいないことですが、それでも描くことができた夢は「将来はサッカー選手になりたい」という漠然としたものという人もいます。その一方で、中にはクラブのことを真剣に「将来自分がプレーする場所」として見たり、あるいは「日本代表やヨーロッパの強豪クラブに入るためのステップアップの場所」として見ている人まで出てきているのもたしかです。

こうなると彼らにとってのアルビレックス新潟は、もはや「非日常的な夢を見る場所」ではありません。応援の対象であると同時に、「夢を描く場所」であり、「夢を実現する場所」ということになるわけです。

前者と後者が得ている充実感を比較するのは、おそらくナンセンスなことだと思われます。それはそれぞれの充実感の質がそもそもかなりちがうからです。しかし、そういうものを抜きにして単純に考えると、やはり自分の人生をかける場所としてとらえ、実際に自分の体を動かしながら様々なことを感じることができるという点で、後者の場合の充実感はかなり大きなものになっているといえるのではないでしょうか。

概していえるのは、非日常的な夢より、日常的な夢のほうが得られる充実感は大きくなる傾向があるということです。これは関わり方のちがいによるもので、この点はまちがいないようです。

いまの話は、サッカーの試合で考えるとわかりやすいかもしれません。たとえば関わり方ということでいうと、ふつうはまわりで応援するときよりも、実際に戦う選手として参加しているときのほうが試合の中に没頭しやすくなります。

応援とちがって実際にプレーする場合は、体を動かして走り回ったりしなければならないし、相手とぶつかり合うことだって避けられません。このように苦痛を感じる場面もたくさんありますが、結果に至るまでのこうしたプロセスも充実感を左右する重要なポイントになります。苦しみが大きい分だけ、その後に良い結果が得られたときの喜びは大きくなるわけです。

中には、応援だけでより大きな充実感が得られるという人もいるでしょうが、こういうのは稀《まれ》です。先ほどの話は、あくまで一般論ということになりますが、これはどんなことにもそのまま通じるようです。得るものは同じでも、楽をして得るより、苦労をして得るときのほうが感じられる喜びは大きくなるわけです。それは苦しみと喜びは表裏だからです。

たいていの人は、自分で動いているときのほうが、そうでないときより大きな充実感を得ることができます。それはだれかが描いた夢の実現を見ているときより、自分が描いた夢に向かって直接動いているときのプロセスのほうが、より充実したものになるからでしょう。

じつは、いまの話はそのまま逆のこともいえます。それは深い関わり方をしているときほど、結果が悪いときの悲しみや悔しさが大きくなるということです。ただし、このときに感じる悲しみや悔しさは、それほど悪いものではないようです。それは多くの場合、次の好結果につながる、努力の原動力になったりするからです。

悪い結果につぶされて、チャレンジそのものをやめてしまったら、その夢はそれで終わりです。しかし、そこであきらめなければ、夢が消えてなくなることはありません。

結果が悪ければショックですが、それでも負けることなくチャレンジを続けることができたら、それはそれですばらしいことです。悔しさをバネにがんばることができたら、その後の結果はどうあれ、少なくともプロセスは最高に充実したものになるでしょう。

●「夢を実現する場所」の力と限界

夢を描いたり、夢を持ったりすることは、だれでも自由にできます。これは夢の実現のためのチャレンジも基本的に同じです。しかし、これらは環境に大きく左右されるのもたしかです。

たとえば身近に刺激を受けられるものがあるほうが、夢を描くことも持つこともしやすくなります。同じように夢を実現する場が身近にあったほうが、チャレンジはしやすくなります。これが「環境に左右される」ということの意味です。

私が若いときに描いた夢は、「人の役に立つこと」と、それから「自分が生まれた土地に恩返しをすること」です。この思いを実現できる仕事として、神社で宮司をしていた父の後を継ぐ道を選びました。

その頃は、日本が高度経済成長期を迎えて、社会が大きく変化していました。昔とちがって、神社の仕事だけでは自分の思いを実現するのが難しくなっていたのです。そこで私は、家業を継ぐと同時に、地域に貢献する実業家になることを決めました。二足のワラジをはきながらこの夢を実現することにしたのです。

私が実業家として最初に行ったのは学校づくりです。目的は後に始めたスポーツ事業のサポートとまったく同じでした。学校という、夢を描くための刺激を受けられ、その夢を実現するための知識や技能を学べる場所を身近につくることで、地域の若者の夢の実現をサポートしようと考えたのです。

いまは全国どこにいてもそれなりの勉強ができます。しかし、当時はまだ、地方都市には学校が少ない時代でした。大学で幅広い勉強がしたい人や専門学校で専門知識や専門技能を身につけたい人は、地域を離れて大都市に行かなければいけなかったのです。実際、新潟のような地方都市では、そんなふうにして若い人たちがどんどん地域から離れていきました。

人材の流出は、地域にとって大きなマイナスになります。目的が修学であるということは、地域を離れるのは向学心のある人たちということになります。これは地域にとってたいへんな問題で、将来のことを想像しながら、当時はこの流れになんとか歯止めをかけることができないかと考えたりしていました。それが学校づくりのきっかけの一つになったわけです。

身近な場所に夢を実現する力を身につけることができるいい学校があれば、わざわざ故郷を離れて大都市に行く必要はありません。それどころか反対に、よその地域から若い人たちがやって来るようになることも期待できます。そのようにして地域を元気にしようと考え、質の高い学校を新潟につくることを目指すことにしたのです。

ちなみに、この学校づくりは、「ナンバーワン」と「オンリーワン」の二つを追求して行いました。ナンバーワンは日本一を目指すこと、オンリーワンはこれまでだれもやっていないことを目指すことです。この二つの戦略で、夢を持っている人が学びたくなるように、学校の価値を高めることに努めてきました。こうした努力は、いまでも続けています。

その甲斐あってNSGは三十を超す専門学校のほか、高校、大学、大学院などからなる一大学校グループに成長することができました。これらの学校で行っている教育の中身は幅広く、たとえば専門学校についていうと、ビジネススキルや情報処理、医療事務などを扱っている学校から、漫画家やミュージシャン、ゲームクリエーターやカーデザイナーなどを養成するユニークな講座を持つ学校までじつに様々です。

これらのうちナンバーワン戦略でやってきたのは、経理関係、法律関係、医療福祉関係、情報処理関係、あるいは公務員試験や各種検定などの国家試験に対応する専門学校の定番分野のものです。「合格率日本一」を目指し、実際に多くの分野で実現しながら、東京や大阪などの大都市をはじめとするよその地域にある同種の学校との差別化をはかってきました。また、デザイナーや漫画家などのクリエーターを養成する学校でも、国際的なコンペティションなどでの受賞を目指したりしながら、その道の第一人者になるような人材の育成に努めてきました。実際、学生の中にはコンペティションで最優秀賞を受賞して世界的に高い評価を受けたり、プロの漫画家として早々にデビューして活躍しているような人も数多く出てきています。

一方のオンリーワンは、先例はないものの、教育を受けたいという潜在的ニーズが高まっている分野の教育を提供する学校です。いまでこそ大都市の専門学校でも様々な分野の教育が行われるようになっていますが、それらの中にもNSGグループが日本で初めて教育を試みた分野がたくさんあります。たとえばサッカーやスキー、スノーボード、それからアウトドアの学校などがそうですが、ここではプロのスポーツ選手から、コーチやインストラクター、あるいはトレーナーなどのスタッフを養成するコースまであります。また、伝統文化や環境福祉のスペシャリストを養成する学校などもあります。

しかし、このように最高の環境を整えたからといって、それで学生たちがすぐに夢を描くようになったり、その夢の実現に向かって努力を始めたりすることはありません。そこが学校運営の難しいところです。

夢を描くための刺激を受けられる場所、夢の実現に役立つ知識や技能を学べる場所をつくるというのは、いわばハード面の整備のようなものです。実際に学生たちが夢に向かってチャレンジを始めるようになるには、そのための教育プログラムを用意するなどソフト面での整備も充実させる必要があったのです。

これはそれほど簡単なことではありません。ソフト面の充実のためには、従来の学校の役割を超えることをしなければならなかったからです。

●「夢づくり」を大切にした教育

人生の目標と呼べるような夢を描くことは、それほど簡単なことではありません。このような夢には、その人の一生を左右するくらいの大きな影響力があるからです。漠然とした形の夢なら、いつでもだれでも簡単に描くことができます。しかし、人生をかけて実現していく具体的な夢は、そんなに簡単な気持ちで描くことはできないものなのです。

そして、人生に迷っているような人の多くは、おそらくこうしたプレッシャーを少なからず感じているものと思われます。自分の人生がかかっている夢を中途半端な形で描くことなどできないと思い、大いに迷い、苦悩しているのです。その繰り返しで、なかなか具体的な夢を描くことができないということもあります。そんなふうにして、結果として人生の目標をなかなか明確な形で持てないでいる人が多いということではないでしょうか。

こういう悩みは、学生のときならだれでも当たり前のように持っています。そして、ふつうは大いに悩み、解決していきます。ところが、こういうのは時間が経てば自然に解決するものではないので、その後も悩み続けることは珍しくありません。

実際、学校を卒業してからも迷路にはまり続けて、自分の進むべき道を決められないでいるような人はいます。中には、必要に迫られてとりあえず就職をしてみたものの、その状態でなお迷い続けているような人もいるようです。これはおかしなことでもなんでもありません。人生をかけて実現していく具体的な夢を描くのは、それほどたいへんなことなのです。

そもそもいまの社会には、人生をかけて実現を目指す夢、人生の目標の見つけ方を伝授する仕組みのようなものがありません。学校ではいろいろなことを教えてくれますが、さすがに夢の描き方までは教えていません。こういうことは、自分で行うしかないわけです。それこそ自分自身でそのことを強く意識し、人生と真剣に向き合うことをしないと、人生をかけて実現を目指す夢も人生の目標も見つけることができないでしょう。

もちろん、それはあくまで一般的な話です。私は学校の運営者なので、そんな現状を嘆いてばかりはいられませんでした。とくに専門学校や専門大学の場合は、教育目標がはっきりしています。期待されているのは、特定の知識や技能を身につけさせることですが、学生たちが自分の進んでいる道に疑問を感じていたり、迷っていたりする状態では教育効果はなかなか上がりません。この問題をクリアしないことには、ＮＳＧが初期の頃から学校の価値を高めるために目指してきた、専門学校の定番分野での資格試験合格率ナンバーワンという目標を実現することも困難なわけです

ナンバーワンになる手っ取り早い方法としては、試験で点を取れる優秀な学生ばかり

を集めるという手もあります。しかし、これはあまり現実的ではありません。学校は入学試験によって学生を選ぶことができるので、一定の学力水準以上の人しか入学させないことは可能です。ただし、こういう学生を集めたところで全員が試験勉強を必死に行うとはかぎりません。それ以前の問題として、こういうやり方はいわば帳尻合わせのようなもので、本当に学校の価値を高めることにはつながらないということもありました。

そもそも学生や親御さんたちがナンバーワンの学校に期待しているのは、どんな人でも試験に合格する力が身につけられることです。極端なことをいうと、それまで学校の試験で点を取るのが苦手だった人であってもそれができるようにしなければ、学校としての価値は上がりません。そして、そのための方法として、常に最高の知識や技術を学ぶことができるカリキュラムを用意するように努めてきました。

しかし、それだけではやはり不十分です。そこでNSGでは同時に、学生をモチベートできる人間力のある教員の育成に力を注いできました。その試みが昇華されてできたのが「実践行動学」という独自のメソッドで、近年はこれをベースにした教育プログラムを導入しています。このプログラムはいわば、学生たちの「夢づくり」と「夢の実現」をサポートするためのものです。そのようにして、彼らが勉強のモチベーションを自ら上げることができるようにしたのです。

このプログラムは、自分の夢を描き、それを強く意識しながら夢の実現に向かってチャレンジできるように誘うものです。夢の描き方から、それを実現するための方法論の検討、具体的な計画づくり、さらには夢の実現の妨げになる問題の解決など、目標設定から実現までに必要なあらゆるものを想定してつくられています。この教育プログラムを導入した効果は絶大で、ＮＳＧの学校は、現実に多くの分野で合格率ナンバーワンを達成することができました。

そして、これもまた夢の力のなせる業であると私は考えています。合格率ナンバーワンを達成できたのはまちがいなく、学生たちが夢を描き、その夢の実現のために必要なことを考え、そしてそれに向かって真剣に努力をするようになった成果なのです。

学校として、そのために充実した教育プログラムを用意しようと努力を重ねてきたのはたしかですが、これはあくまでサポートの意味くらいしかありません。学生たちが驚くような力を発揮できるようになったのは、実践行動学のようなものを利用して彼らが自分の夢をつくり、それを強く意識するようになったことが大きかったと私は考えています。

●具体的な夢を持った人が強い

専門学校には、いろいろなタイプの学生がいます。中には、机に座って行う勉強が苦手で、高校時代までほとんどまともに勉強をした経験がないという人もいたりします。しかし、一見すると勉強が不得手に思えるそういう学生でも、自分の夢を持つと、考え方や行動が大きく変わることがあるからおもしろいものです。夢を描き、それを強く意識するようになった途端に、信じられないくらいに勉強を行うようになったりするのです。

こういう変化を目の当たりにすると、指導する側はもちろんのこと、親御さんは驚かされます。一番びっくりしているのは、当の本人かもしれません。私はこれまでたくさんの教師や親御さんたちから、「まさかあの子がこんなに勉強をするようになるなんて」といった驚きの声を聞くことができました。また大きく変わった学生自身からも、「自分がこんなに長時間の勉強ができるとは思ってもみなかった」という類の話を何度も聞いたことがあります。

そのような経験を通じて、私は人間には大きな可能性があると確信しています。夢を描き、その夢の実現に向かって真面目に取り組み続けていれば、だれでもいずれは成し遂げることができるという可能性をです。

もちろん、その夢が、「サッカーの日本代表になる」とか「総理大臣になる」といった途方もない大きなものなら、話はちょっとちがいます。ある道で「超一流」になるのは、やはりかなり困難なことです。達成のためには、努力だけでなく、卓越した才能と運が必要になるでしょう。実際、その域に到達できるのは、ほんの一握りしかいません。

しかし、そのような「超一流」になるのは難しいものの、「一流」になるのはそれほど難しいことではありません。夢を描き、その夢を強く意識して、なおかつ戦略を練って正しい努力を続けていけば、たいていの場合は夢をかなえることができます。たとえば資格試験に合格するくらいのことなら、だれだって十分に実現するのは可能です。実際、そのようなケースを私は、これまで数多く見てきました。

もちろん、たまたま選んだ道が、その人にとって不向きなものであるような場合は、いくら努力を続けてもなかなか夢がかなわないことがあります。厳しいことをいうようですが、それもまた現実です。とはいえ、そのときに一つのことに真剣に向き合った経験は、決して無駄ではありません。それはそれで貴重な財産で、後の人生の中で必ず活かすことができるからです。

夢を持っている人の強さは、最初にいったように、目標がはっきりしている点にあります。目標はより具体的なほうがモチベーションは上げやすいし、実現のための戦略を考えやすくなります。その意味では、夢もできるだけ具体的な形で描いたほうが実現させやすくなるということができます。

だから私は、この本を通じて、みなさんにできるだけ具体的な形で人生の夢を描くことを勧めたいと考えています。それが充実した人生を送ることにつながるからです。

もちろん、それがわかっていても、なかなか描くことができないのが人生をかけて追いかけるような夢です。漠然とした形ならともかく、より具体的な形にしていくのはかなり困難なことです。また、なんとか具体的な形の夢を描くことができたとしても、なかなか実現できず、そのうちにモチベーションが下がってなにもできなくなってしまうこともあるでしょう。

それではそのような問題をクリアするためには、どういうことが必要になるのでしょうか。それは夢に「背骨」をつくることです。次章では、そのあたりのことに詳しく触れることにします。

第2章

「志」の力

●夢がしぼんでいくのはなぜか

夢を描いたことは、だれにだって一度や二度はあると思われます。子どものときに漠然と考えた「野球選手になる」とか「サッカー選手になる」、あるいは「ケーキ屋さんになる」、「パン屋さんになる」といったものだって、それはそれで一つの立派な夢です。

とはいえ、こういう夢はたいてい、大人になるまでにしぼんでいくのがよく見られるパターンです。中には、子どものときに描いた夢をずっと持ち続け、実現させる人もいます。しかし、こういうのは、やはり稀《まれ》なケースになるようです。

子どものときに描いた夢というのは、たいていはいつの間にかしぼんでいきます。それはなぜか。

原因は、大きくいうと二つあると考えられます。もともと検討が浅く、描いた夢が心から望んでいるものではないので、実現の努力を続けるのに必要なモチベーションが上がらないというのが一つです。そして、もう一つは、まわりが「夢を喰うバク」のようになって夢を見続けることや実現のための挑戦を邪魔することで、そのうちに本人がだんだんとあきらめてしまうというパターンです。

子どものときというのは、自分のことを客観的に見るのが難しいようです。それがよさでもあるので、だれでも比較的自由な発想で夢を描くことができます。しかし、夢の実現を真剣に考えて少しでも実際に挑戦してみると、そのうちにだんだんと現実が見えてきます。そのようにして向き不向きがわかってくると、難度の高い無謀な挑戦を自然に避けるようになるのはごく自然なことです。

たとえば、あなたが野球やサッカーの選手になることを夢見て練習を始めてみたとしましょう。まわりには、同じ夢を見ながら挑戦している人が少なからずいます。その人たちと比較して、自分はそれほど足が速くない、運動神経も劣っているように思えたりすると、次第に方向転換を考えるようになるのが自然の成り行きというものです。

もちろん、そんな中でもあきらめずに、高いモチベーションを持って挑戦を続ける人もいます。その人が潜在的な才能の持ち主で、夢の実現のための戦略がうまくはまったりすると、子どもの頃の夢が本当に実現するといったドラマティックなことが起こったりします。ちなみに、そういうケースでは必ず、親御さんなどまわりの強力なサポート、あるいは応援があるのが通例のようです。

しかし、先ほどもいったように、こういうのはごく稀なケースです。現実には、たいていの人が途中で夢をあきらめることになりますが、そのきっかけをつくっているのは必ずしも本人とはかぎりません。それが原因の二つめとしてあげた「まわりにいる夢を喰うバク」です。先ほどとは逆の意味で、親や兄弟姉妹などの家族、あるいは学校の先生や友人など、身近な人たちのマイナスの影響が大きかったりするわけです。

●夢を喰うバク

先ほどもいいましたが、子どものときというのは自分を客観的に見ることが難しいので、まわりからのアドバイスは貴重になります。それがいつも子どもの成長に役立てばいいのですが、実際には悪い方向に働くこともあるのが現実です。子どもの成長に役立つどころか、可能性や才能をつぶしていることもまた多い、という意味です。

たとえば、ここにプロのサッカー選手になることを夢見ている子どもがいて、学校の勉強よりもサッカーの練習を優先する毎日を過ごしていたとします。一つのことに集中するのは、それはそれですばらしいことですが、親の立場で考えると、我が子の奮闘ぶりを手放しで喜ぶことはなかなかできないでしょう。

プロのサッカー選手を目指す道は厳しく、狭き門をくぐり抜けることができるのは、実際にはほんの一握りの人たちです。しかも、プロになったからといって試合で活躍できる保証はありません。プロ同士の厳しい競争を勝ち抜かないと試合に出ることはできないし、成功しても途中で大ケガをして引退を余儀なくされるかもしれません。親としてはそんな厳しい挑戦より、もっと堅実な道を歩くことを望むでしょうから、努力している我が子に向かって「サッカー選手になるなんてバカなことといってないで、ちゃんと勉強をしなさい」とついいいたくなるでしょう。こういうのは珍しいことではなく、親子の間で挨拶のように日常的にいわれていることではないでしょうか。

しかし、ふだんはその程度の小言で気が済むものも、高校受験や大学受験など人生の節目を控えた時期になるとそうはいかなくなります。親からすると、勉強の障害になっているサッカーをやめさせる方向に真剣に動きたくなるかもしれないからです。そのうちに小言がエスカレートして、「何年やっても全然試合で活躍できないんだから、あんたにはサッカーの才能がない」とか「プロになるような人は、いまの段階で結果を出してないとだめ」というふうに、それっぽいことをいいながら我が子が夢をあきらめる方向に進むよう説得するようになったりするかもしれません。

もちろん、本人が自信を持って夢への挑戦をしていれば、こういう妨害に動じることはありません。とはいえ、現実には大きな夢へ挑戦している最中に、ずっとそれだけ高いモチベーションを持ち続けるのは困難です。

夢が大きければ大きいほど、途中で壁にぶつかったり、将来に不安を感じたりする機会は当然多くなります。そういうときのまわりの否定的なアドバイスは、もう「悪魔のささやき」そのものです。こういうものが「自分には才能がないから仕方がない」というふうに、自分を納得させながら夢をあきらめてしまう大きなきっかけになることもよくあるようです。

この場合は、子どもの「夢を喰うバク」の役割を果たしているのは「親」ということになります。もちろん、それはたまたまであって、まわりの他人が夢を喰うバクになる可能性もあります。

たとえば、ある人がサッカーをやめるきっかけは、コーチからいわれた「いつまで経ってもうまくならないな」という何気ない一言かもしれません。あるいは、チームメイトからなにかをいわれたり、学校の先生からいわれたりしたことをきっかけに、夢への挑戦のモチベーションが一気に下がってしまうことだってあるでしょう。このようにまわりの人が役割を果たすのではなく、自分自身の弱気な気持ちが夢を喰うバクになることだってあります。

●夢の限界と「志」

夢を喰うバクは、このように自分を含めて身のまわりにいるほとんどの人がなる可能性があります。しかし、夢を喰うバクになっている人には、たいてい悪気はありません。中には、悪意を持って夢への挑戦を邪魔するような人もいるでしょうが、それはほんの一部です。ほとんどの場合は、自分が感じたことをそのままいっているだけだったり、むしろその人のためになると思ってあえて厳しいことを口にしていたりするようです。

当然のことですが、こうした評価やアドバイスは、いつも正しいとはかぎりません。むしろ一般的には、かなり的外れなことをいっていることのほうが多いという印象があります。そんなとき、いわれたほうが冷静に受け止めることができれば、マイナスの影響はかなり少ないでしょう。しかし、なかなかそのようにいかないのが現実のようです。

それは夢へ挑戦しているときというのは、描いている夢が大きければ大きいほど、抱えている不安が大きくなるからです。

自分の中に否定的な気持ちがあると、些細な失敗やまわりの否定的な言葉や態度に反応しやすくなります。これは人間の性《さが》のようなもので、仕方がないことです。とくに大きな夢への挑戦は、最初から最後まで万事うまくいくようなことは滅多にありません。たいていは途中で壁にぶつかったり、悩み苦しんだりするものですが、そういうときには「自分には才能がないのかもしれない」とか「このまま続けていてもうまくいくとはかぎらない」というふうに弱気になることがあります。そこにたたみ込まれるように、まわりから否定的なことをいわれたら、よほど強い気持ちを持っていないと心がポキッと折れてしまうというわけです。

それでなくても不安や心配に負けずに大きな夢へ挑戦し続けるのは、かなりたいへんなことです。自分の中の弱い気持ちが、いつ夢を喰うバクに変わるかわからないからです。加えて、まわりからいろいろと否定的なことをいわれたら、たまらないでしょう。

しかし、こういうものに打ち勝たないと、なかなか道は切り開かれません。もちろん、これは簡単なことではありません。よほど強力なモチベーションがないと、夢を喰うバクたちの妨害を退けながら挑戦を維持していくことはできないでしょう。そして、これが夢の限界でもあります。生半可な気持ちで描いた夢では、こういう障害を乗り越えることはなかなか困難であるというわけです。

夢を描くのは、それほど難しいことではありません。その気になれば、だれだっていつでもどこでも夢を描くことができます。しかし、それを実現するとなると話は別です。高いモチベーションを維持しながら挑戦し続けなければならないし、よほど強い思いを持っていないとできることではないのです。

その結果、たいていの人の子どもの頃に描いた夢はしぼんでいきますが、中には実現している人が稀《まれ》にいます。それはなぜでしょうか。

これはいろいろな理由があるでしょうが、一つには思いの強さがちがうからではないかと思われます。同じ夢でも、たいていの人のものはふわふわとした漠然とした形にしかなっていません。一方で強い思いに支えられている人の夢には、軸になる柱のようなものがあるから、夢を喰うバクたちの妨害にも強いということではないかと思います。

それではここでいうところの「柱」とはなんなのでしょうか。それはまさしく「志」

ではないかというのが私の考えです。

●「夢」と「志」のちがい

一口に「志」といっても、人によってイメージする中身はかなりちがうかもしれません。そこで本書でいうところの「志」について、ここできちんと定義しておくことにしましょう。

まず、志とはどのようなものなのでしょうか。夢と同じように、志にも幅広い意味があります。辞書で調べてみると、志には、ある方向を目指す気持ちや心に思い決めた目的や目標、心の持ち方や信念、それから相手のためを思う気持ち、などの意味があるようです。

ここでいう志の意味は、これらと少しだけちがいます。最初にあげた、ある方向を目指す気持ちや思い決めた目的や目標という意味は、夢とよく似ています。思うに志は、夢に包含されるものではないでしょうか。そして、その中のとくに柱がしっかりしているものが志である、というふうに私は考えています。

つまり、志は「背骨のある夢」というふうにいうこともできます。

夢の中には背骨のないものもありますが、こういう夢は漠然とした形をしていてどこかふわふわしています。背骨のない夢はだれでも簡単に描くことができますが、実現するとなるとかなりたいへんです。

そもそものような夢は、優先順位がかなり低いので、忙しさにかまけて後回しにしているうちに、そのまま自然消滅してしまうことはよくあります。たまたま挑戦を始めることができても、夢を喰うバクの妨害に遭ったら、たちまちのうちに消えてしまうでしょう。

しかし、志という背骨のある夢はちがいます。自分の意思に反してほかのことをやらなければならない状況が続いたとしても、ときどき思い返したりして意識する機会が多いからです。とくに志という形でしっかりと意識されている夢は、よほどのことがないかぎり消えることはありません。

志には心の持ち方や信念という意味があることからわかるように、しっかりと立てることができたら、それはその人の行動や考え方のすべてに影響を与えるものになるからです。

●志の立て方はだれも教えてくれない

昔の日本では、公家や武家に生まれた男子が十五歳になると、元服式を行って志を立てさせていました。元服式はいまでいう成人式のようなものですが、中身はかなりちがいます。大人になったことを認めて、それをまわりに伝えるものであることには変わりませんが、元服式は単なる儀式ではありません。元服式を受けた人たちは、これからどのような生き方をするのかを嫌でも考えさせられることになるからです。

日本では明治以降、学校制度が整備されて、いまではどんな人でも最低限の教養が身につけられるようになっています。これはたいへんすばらしいことですが、残念ながら学校で教えてくれるのは「知識」だけで、「生き方」まではだれも教えてくれません。それどころかいまは志を立てることの大切さも教えてくれる人がいません。そのためいまは、志を立てる決意から、どのような志を立て、そしてどのような生き方をしていくかまで、だれにも頼らずに自分自身でやらなければいけなくなっています。

もちろん、中には意識の高い親や先生がいて、志を立てて考えや行動の柱になるものをつくるように勧めてくれることがあるようです。しかし、こういうケースはやはり稀《まれ》なようです。現実には、志を立てずに大人になっている人は決して少なくないのです。

そして、大人になっても背骨のある夢を持てない人がいるのは、このことが関係しているのではないかと私は見ています。志を立て、心の持ち方や信念という柱になるものをつくっていないから、描く夢に背骨がないということです。

いずれにしてもこのような状態では、夢の実現に真剣に取り組むことは難しいと思われます。まして夢を喰うバクの妨害を払いのけて、高いモチベーションを維持しながら夢の実現に向けた挑戦を続けることなど相当に困難なことではないでしょうか。

先ほどから述べているように、夢は充実した人生を送るために欠かせないものです。しかし、現実には、そのような夢は簡単に描くことはできません。人生を充実したものにするような夢は、やはり志を立てることで背骨をつくらないと描くことができないからです。

●日本を救った志の力

志の持つ大きな力は、じつは歴史を振り返ることでも再確認できます。鎖国状態から一転して外圧によって国を開くことになった江戸時代から明治初期にかけて、日本はご存じのとおり大きく変化しました。この時期には、後に偉人と称されるような多くの人材が輩出されました。これはまさしく志の力によるものだと私は考えています。

彼らが奮い立ったのは、当時の日本が大きな危機に直面していたからにほかなりません。きっかけは江戸時代末期の黒船来航で、この一件は欧米との圧倒的な武力差を知る機会になったとされています。当時は、「このままでは植民地にされてしまうかもしれない」という不安が日本中を襲っていたといわれています。しかし、そんな状況の中でひるむことなく、「自分が日本を守る」という高い志を立て、実際に欧米に対抗して生き抜くことを目指した人たちがかつての日本にはたくさんいました。

ちなみに、こういう思いを思っている人は、江戸幕府の打倒を目指した「倒幕派《とうばく》」だけでなく、もちろん対抗勢力とされていた「佐幕派《さばく》」の中にもいました。新撰組などはその代表でしょう。選択した方法論は異なりますが、日本を守るために若い人たちが命をかけて戦っていた点はまったく同じだと思います。歴史の上では、彼らは「敗者」ということになっていますが、中には江戸幕府崩壊後の社会で頭角を現し、目覚ましい活躍をしたような人もたくさんいます。明治維新以降の日本のめまぐるしい発展は、彼らを含めてそれぞれの立場で懸命にもがき続けた人たちの志とチャレンジ精神抜きには語ることができないものだと私は考えています。

それではあの時代に、なぜ多くの人がそのように奮い立つことができたのでしょうか。それは志を立てる大切さを説く人が、当時はたくさんいたからではないでしょうか。

ことに大きな役割を果たしていたのは、いわゆる「私塾」と呼ばれる民間教育機関です。最も有名なのは、いまの山口県で長州藩士の吉田松陰《よしだしょういん》が講義していた「松下村塾《しょうかそんじゅく》」です。この私塾の活動はわずか数年程度と短期間でしたが、ここからは高杉晋作など尊王攘夷を掲げて京都で活動した者や、後の明治維新で新政府に関わる重要人物が多数出ています。

また、大阪には当時、緒方洪庵《おがたこうあん》の「適塾《てきじゅく》」がありました。そのほかにも江戸や京都、大阪という当時の大都市を中心に、高度な教育を行っていた私塾が多数存在していました。私塾は兵学や医学など当時の最先端の学問を教える場所でもありますが、功績としては下級武士や若者たちに「いかに生きるべきか」を考えさせたことも大きかったと思います。事実、これらの私塾から、大きな志を立て、後の時代に背骨のある夢を実現した強者がたくさん出ています。

その後、日本は明治維新を経て、欧米が脅威を感じるほどの力を着々と身につけていきました。しかし、そのことが仇《あだ》になり、昭和の時代に不幸な戦争に突入し、壊滅的なダメージを被ったのは周知のとおりです。戦後はそこから奇跡ともいえる経済発展を遂げましたが、じつはこの活動を支えていたのも高い志を持って新たな産業の育成に力を注いだ官僚や経済人、現場で奮闘してきた企業戦士たちでした。

いま日本は、かつて国家の繁栄を支えてきた多くの産業に陰りが見え、経済も停滞しています。アベノミクスの効果や、東京オリンピックの開催が決まって明るい兆しが見え始めているといわれていますが、私にはまだまだ大きな危機を迎えている状態から脱していないように見えます。

そして、こういうときだからこそ、高い志を立て、それを心に刻みながら国を牽引していくべく奮闘するような人たちが、この日本からたくさん出てくることが期待されているように思います。

●大きな志、小さな志

志の中身は、小さなものから大きなものまで、立てる人によって様々です。志の大小は、一般的には自分の利益中心のものが「小さな志」とされ、自分以外の多くの人を利するものが「大きな志」とされています。利する対象が多ければ多いほど、より大きな志とされているわけです。

その昔、元服式で立志が行われていた頃は、より大きな志を立てるのが「よきこと」とされていたようです。「人々の暮らしをよくする」とか「人々が安心して暮らせるようにする」というような、社会の役に立つことを志すのがすばらしいことであるとされていたのです。

これはもともと元服式が、主に社会を動かす上流階級の子どもたちを対象に行われたものであることと関係しているのかもしれません。

しかし、日本が国家の危機を迎えていた江戸末期から明治にかけては、下級武士など身分の低い人たちが社会的な利益が大きい志を立てました。社会の中で活躍している人の多くが、このような高い志を立てていたわけです。そう考えると、立志の中身は、必ずしも身分によって決まるものではないのかもしれません。

私が思うに、おそらく日本の伝統的な文化の中には、社会の役に立つとか、社会性のあるものに関する立志が最もすばらしいという価値観があるのではないかと思います。だから国家が危機に瀕したときに、このような高い志を立てる人がたくさんいたのではないでしょうか。

こうした「社会のため」とか、「国のため」になにかをするという考え方は、ともすれば現代人にはちょっと抵抗があるようです。先の戦争の反省から、そういうものは「全体主義につながる」というふうにとらえられ、忌み嫌われる傾向があるからです。

たしかに「国のため」といわれると、受け入れられない人は多いでしょう。しかし、言葉をちょっと変えて、「人のため」にしてみたらどうでしょうか。おそらく人のためになにかをすることを否定する人はいないと思われます。むしろこうした思いは、だれでも少なからず持っているものではないでしょうか。

実際、人の役に立つことを積極的に行っている人は、いまの世の中にもたくさんいます。たとえば無償のボランティアのようなものは最たる例です。一九九五年の阪神・淡路大震災や二〇一一年の東日本大震災のときには、多くの人たちが被災地へ援助物資を送ったり、義援金という形の寄付をしたりしました。中には、自ら被災地に入って、現地で被災者を直接支援する人たちもたくさんいたのはよく知られていることです。

私の故郷、新潟でも、二〇〇四年と二〇〇七年に新潟県中越地震と新潟県中越沖地震という二度の大きな震災を経験しています。その際には、日本全国から温かい支援をいただきました。おそらく援助をしてくださった多くの人には、見返りを求める気持ちなどなかったと思われます。テレビなどを通じて被災地の人たちが困っている姿を見て、「あの人たちのためになにかしてあげたい」という衝動に駆られて動いたということではないでしょうか。

こういう思いは、人間が本来持っているものではないかと私は考えていますが、大きく育んでいくには教育の力が欠かせません。事実、日本には昔からこうした困っている人に対する心遣いを、価値のあるものとして扱う文化がありました。だから国家が危機に瀕しているときや、人が困っている姿を見たときなどには、奮い立って行動を始める人が多いのではないかと思われます。

もちろん、そのとき行動している人にまったく見返りがないかというと、そんなことはありません。無償のボランティアのようなものはともかく、国や地域の振興のための起業のように、行動の中身によっては社会貢献であろうとお金などの実益が得られることとはあります。しかし、いずれの場合であれ、実益以上に大きな精神的な充実感が得られることに変わりはありません。この充実感は、自分のためだけに行動しているときには得難いものですが、それを求めることは多くの人の利益になることですから、悪いどころかむしろ積極的に行っていいものではないでしょうか。

そして、先ほどもいいましたが、この充実感は利する対象が多いほど大きくなる傾向があるようです。別のいい方をすると、立てた志が大きな社会貢献につながるような高いものほど、あるいは理念が高ければ高いものほど、得られる充実感が大きくなるということです。

加えて結果が伴えば最高ですが、そうではなしにそこに至るプロセスにおいても大きなものが得られるのがこの充実感の特徴です。多くの人を利するような大きな立志を行うと、結果や成果の以前に、実現のための挑戦を行っている最中にさえ得られる充実感がより大きくなるわけです。

●志のない人生、ある人生

志を立てる立志は、元服式が行われていた時代は重要なものとして考えられていたようです。しかし、いまでは扱いが大きく変わり、文化としてかろうじて伝えられている程度で、実際に立志を行う人は少ないようです。

大人になるための儀式としては、いまも成人式があります。ところが、残念なことに、立志を行うことまでは引き継がれていません。いまの時代は、志を立てる機会はないし、立志の行い方を伝える教育もありません。また、子どもに最も大きな影響を与えている家庭では、生き方に関して自信を持てないでいる親が増えています。だから志を立てようと思ったら、それこそいろいろなものと触れ合い、生きていく上で大切と思えることを自分自身で考えながら行わなければならなくなっているわけです。

これはたいへん残念なことです。若い人たちが志を立てるのを促したり、サポートするのは、本来は教育の役割ではないでしょうか。ちなみに、そうした思いからNSGグループでは高等学校を開校するときに、校名に「開志」という言葉を使うことにしました。これは私たちが考えた造語です。子どもたちが自ら立志ができる、だれもが心の内に持っている志の種を開く場所としての役割を果たせるようにという思いが込められています。

それはさておき、おそらく志を立てることの価値が正しく評価されていたら、立志の扱いはいまのような軽いものにはなっていなかったでしょう。後に詳しく触れますが、志を立てることは、生きる力を育むことにそのままつながるものだと私は考えています。だから私は、本書を通じて、志を立てることをみなさんに強く勧めたいと思っています。

立志の価値は、志があるときとないときのことを比較しながら想像してみるとよりわかりやすいでしょう。夢と同じで、志もまた生きていく上での大きな目標になるものです。志なしに生きるのは、目標がない状態で生きるようなものです。これでは自信を持って進むことはできないし、充実感や達成感が得られる機会も少ないでしょう。

ことに志は、夢の背骨ともいえるものです。やはりこれがあるとないとでは、人生は大きく変わってくるでしょう。もちろん、志がなくても夢を描くことはできますが、そのようにして描いた夢は前述したように、ふわふわとしたものになりがちです。柱になるものがないから、夢の中身はそのときどきの気分でどんどん変わっていくかもしれません。

しかも、この変化には一貫性がありません。そのため目先の目標が変わるのに振り回されて、そのときどきで考えや行動までころころ変わってしまったりします。これでは夢の実現に向けた挑戦のモチベーションは上がりにくいでしょう。

しかし、志を立てた場合はちがいます。軸になるものがあることでブレなくなり、考えや行動は一貫したものになるからです。志という背骨があると、軸がしっかりとして夢の中身や形がそのときどきの気分で大きく変わることはありません。なにかの事情で夢の中身や形が変更を余儀なくされることがあったとしても、そんなときでも柱の部分まで変わることはないから、生き方まで大きく変わることはないようです。

これが志のあるときとないときのちがいです。志があると、夢を喰うバクのような、目標の達成を妨害するいろいろなものの影響を受けにくくなります。どっしりと構えて、物事に取り組むことができるようになるのです。そのことによりまわりの協力なども得やすくなりますが、それについては後ほど触れることにします。

また、志はその人の生き方の軸を決めるものでもあります。そのため志を意識しているかぎりは、夢の中身、それから考え方や行動が一貫したものになります。まわりの影響や、そのときどきの気分でブレることがないのです。そうなると志から派生する具体的な目標を立てやすいし、目標を実現するときにどのように動くかで迷うことも少なくなるわけです。

●私の志

前章で紹介したように、私の夢は「人の役に立つこと」と、それから「自分が生まれた土地に恩返しをすること」です。これは私が高校生の頃、神社を継ぐと決めたときに立てた志でもあります。

私が宮司を務める神社は、かつて新潟の中心街だった場所にあります。昔は十万人ほどが住んで賑わっていた場所ですが、都市化の影響で人口が減少し、私が子どもの頃には三万人程度にまで減っていました。神社を支えてくれる氏子さんの数も減る一方で、高校生のときには家業を継ぐかどうかで大いに悩む要因の一つになりました。

結論からいうと、このとき私は家業を継ぐことを決意しました。当時はまだ神のことがよくわかっていなかったので、その状態で神社の仕事に一生を捧げるのは変な気がしていました。しかし、一方で手を合わせて参拝する人たちの姿をいつも見ていたので、人々がよりどころにしている神の存在が無視できなくなってもいました。そこで家業を継いで、一生かけてそのことを考えようと思ったのです。

家業を継ぐ決断に至ったのは、神社の役割が魅力的に思えたのも大きな理由の一つです。神社の役割は、地域を活性化していくことにあります。これは一生をかけて行う価値のあるものに思えたのです。

とはいえ、その頃にはすでに、経済的な事情から神社の活動だけでそれを実現するのが難しくなっていました。そこで神社の仕事と同時に、社会的な事業を行うことを決意しました。宮司と経営者の二足のワラジを履きながら、地域を活性化していこうと考えたわけです。

じつは学校経営やスポーツ事業など私がこれまでに行ってきたことは、すべてこの志がベースになっています。このほかにも私は、若い起業家や地域の起業家の支援などに力を注いできました。これらもすべて、地域の活性化につながると考えて取り組んできたことです。

振り返ってみると、私が行ってきたことはこのように一貫しています。これは早いうちに志を立て、それを意識しながら行動してきたからだと思います。だから大きく人生に迷うことはなく、志を実現するための具体的な目標を次々とつくることができたということではないでしょうか。

そして、幸いなことに、ここまではどの分野でも一定の成果を上げることができています。これもやはり、いつも志を意識することで、軸がしっかりした状態で取り組むことができたからではないかと思います。

もちろん、なにをするときでも予期せぬハプニングはつきもので、これらのことを行っているときに途中でトラブルに見舞われたり、判断に悩んだりする場面に遭遇することはしばしばありました。しかし、目指す方向がはっきりしていたので、そういうときに大きく迷うことはほとんどなかったのです。志という軸があることで進むべき道が決めやすく、志を意識しているかぎりはどんなときでも考えや行動が大きくブレることがないからだと思われます。

私の場合、まわりの協力にもかなり恵まれていたと思います。私一人の力ではいかんともしがたいことを、協力者のサポートによって実現できた経験はこれまでに何度もありました。とはいえ、それもまた、志を立て、それをいつも意識していたおかげだと考えられます。

志という軸があると、考えや行動が一貫したものになるといいました。このような態度でいると、人からの信頼を得やすくなるようです。そして、私がこれまで行ってきたことがだいたいうまくいっているのは、自分一人の力というより、やはり協力者の力によるところも大きかったと思います。目指していることに賛同してくださり、また生き様を見て信用してくださった方から、惜しみない協力の手をさしのべていただけたことでうまくいっている面もあるのではないかということです。

●志は「生きる力」につながるもの

このような経験から、志を立てることは「生きる力」を育むことにそのままつながると私は考えています。

志という軸ができると、考えや行動がブレなくなるし、目標を立てるときにもそのときどきで変わることのない一貫したものがつくれるようになります。このような生き方は信頼につながるものなので、目指していることを成し遂げる際には、まわりから協力が得られやすくなるというわけです。

夢を描くのはだれでも自由にできます。どんな夢を描こうと、まわりに迷惑をかけたり法律に違反したりしないかぎりは、そのことでとがめられることはありません。

しかし、実現しない夢を描いたところで、そこから得られる喜びは少ないのではないでしょうか。夢を描くなら少なくとも実現のための努力ができるものを描いたほうがいいし、できることならその夢の実現のためのチャレンジができたほうが、人生はより充実したものになるというものです。

志はまさしく、それを可能にするものです。生涯をかけて取り組む大きな志を立てることができたら、それだけで人生はかなり充実したものになります。また、志のある人は挫折を知りません。志を実現する手段は一つではないので、あることがダメになったときでも次の手段を考えやすいからです。

たとえば、ここにプロのサッカー選手になることを目指している少年がいたとします。この「プロのサッカー選手になる」というのは、単なる将来の夢にすぎません。そこに「サッカーを通じて人々に感動を与えたい」とか「サッカーによって人々に勇気を与えたい」という思いが加わったらどうでしょう。これは背骨のあるしっかりとした夢、すなわち志になります。

戦後、日本がまだ貧しかった頃は、「貧乏から脱したい」とか「貧しい中で苦労して育ててくれた両親に楽をさせたい」といった思いが、様々な夢を実現するための強いモチベーションになりました。実際、そのような思いを強く持つことで成功した人がたくさんいました。しかし、その頃と違って、いまは経済的に満足できる状態にある人がはるかに増えています。そんな時代だからこそ、なおさら背骨のあるしっかりとした夢、すなわち志をつくる必要が高まっているように思います。

先ほどの少年がこのような志を立てたのは、自分がつらいときにサッカーの試合を見て勇気づけられたのがきっかけかもしれません。そして、自分も同じようにサッカーを通して人に感動や勇気を与えられるようになりたいという思いを持ったとしたら、それはすばらしいことです。この思いが強ければ強いほど、高いモチベーションでサッカーの練習に真剣に取り組むことができるようになるからです。

もちろん、だからといって少年が、必ずプロのサッカー選手になることができるとはかぎりません。現実にプロサッカー選手になれるのは、ほんの一握りの人たちです。才能だけでなく、運にも左右されるでしょうから、どんなにがんばっても少年の夢はかなわないかもしれません。

せっかく努力をしても報われないとしたら、かなりショックを受けることになります。おそらく少年は、どこかで夢をあきらめなければならなくなったときには、大きな挫折を感じることになるでしょう。

夢が破れた瞬間には、だれでもこうした挫折感に襲われます。しかしながら、少年がもしも自分の志をしっかりと胸に刻んでいたら、そのどん底状態から早く抜け出すことができます。目指しているのが「サッカーを通じて人々に感動や勇気を与えたい」ということなら、選手でなくても実現することは可能だからです。目標をちょっとだけ修正し、それこそプロの選手を支えるクラブのスタッフになることで思いを実現するという道に進むといった軌道修正をすればいいのです。

あるいは、少年サッカーの指導者になることで、自分の思いを後進に託すという方法もあります。場合によっては、サッカーを捨てて、企業家とか医者、音楽や文学など別のことで人に感動や勇気を与える道を目指してもいいわけです。もっといえば、製造業でもサービス業でもなんでもいいから、会社から与えられた仕事を通じてその思いを実現するという道だってあります。本業でなくても、ボランティア活動の中でそれを実現してもいいでしょう。

これが志という軸をつくることのメリットです。目標としていたことがうまくいかないときには、だれでもショックで大いに傷つきます。しかし、志という形で自分が目指していることをしっかり理解していると、そんなときでも自分を見失ったり自暴自棄になったりせずに早く立ち直ることが期待できます。それは一つのことがダメになったとしても、進むべき方向がしっかりと見えていれば、別の道を考えて、選択しやすいからです。

●「高い志」から「具体的な夢」へ

志があると、このように迷うことなくどっしりとした生き方ができます。志を意識することで、人生の目標の方向性や形が明確になるからです。ここがふわふわとした夢を描いているときとの大きなちがいです。

そして、私が考える理想的な生き方は、とにかく自分が一生をかけて成し遂げる志を立てることを優先することです。そのためにはいろいろなものに触れて、いろいろなことを感じながら、自分の人生について真剣に考える必要があります。

この作業は早い時期に行うといいでしょう。できれば社会に出る前や、大学や専門学校などで専門教育を受ける前に立てておくのが理想です。そうすることで自信を持って自分の進路を決められるし、貴重な人生の時間を志の達成のためにより多く使うことができるようになるからです。

勘違いしてもらいたくないのは、ここでいっているのは「志を立てるのは若い時期でなければ意味がない」ということではありません。十代や二十代で立志を行うのが理想ですが、その時期を逃そうと志を立てる意味はあります。たとえ三十代、四十代、五十代、あるいは六十代や七十代になろうと、志は持つべきものなのです。迷うことなく人生を歩み、充実した毎日を送るためにも、志がない人はとにかく何歳であろうと立志を行うように心がけたほうがいいでしょう。

そして、立志を行うときには、できるだけ多くの人の利益になる高い志を立てることを勧めます。そのほうが、より大きな充実感が得られる人生を送ることができるからです。

いずれにしても、志を立てることができると、自分が進むべき道がおぼろげながら見えてきます。そこで次に行うのは、その思いを実現するための具体的な目標の検討です。このようにまず高い志を立てることから始めて、次の段階で思いを実現するための具体的な夢を描くようにすると、迷うことが少なくなります。ゴールはまだ見えていませんが、進むべき方向は見えているから、志を意識することで地に足がついた生き方がしゃすくなるからです。

残念ながら人には、「できること」と「できないこと」があります。夢を見るのは自由ですが、夢の中身によっては実現がかなり難しいものがあります。生まれ持った才能や運がなければ、いくらがんばっても実現は無理ということはあるかもしれません。それどころか、条件がたまたま合わないために、挑戦することさえ難しいということだってあります。

私は人間の可能性を信じているので、このような否定的なことは日頃からあまり口にしないように心がけています。しかし、たとえばプロ野球の世界に女性が選手として飛び込むといった、ふつうに考えれば無理なことが世の中には多々あることを認めなければならないと考えています。一昔前には、日本人が海外の一流サッカーリーグ、たとえばイタリアのセリエAやイングランドのプレミアリーグなどに属するクラブの選手になって活躍することなど考えられませんでしたが、確かにいまはこういう無理と思われていたことを成し遂げるケースが出てきています。ただし、こういうのはだれもができるようなことではないし、そういうものを選択するときには、実現の可能性をじっくりと検討することも重要だと思います。

夢を実現するのはたいへんなことです。それが大きな夢であればあるほど、目の前に立ちふさがる壁は大きくなります。それでも挑戦したいという人はいるでしょう。私はそのことを否定しているわけではありません。むしろそのチャレンジ精神は、たいへん価値のあるすばらしいものだと考えています。

私がここで強く主張したいのは、夢を描く前、あるいは夢を描いた後でもいいから、自分がその夢をなぜ実現したいと思っているのか、折に触れて検討し、思いを深めたほうがいいということです。そうすることで、自分が成し遂げたいと考えている志がしっかりとした形で見えてくるからです。その志は夢の背骨になるものだし、これがあることで実現に向けた挑戦のモチベーションを高めていくことができます。そして、なにかの事情でその夢を途中であきらめなければならない状況になったとしても、志を意識し続けることができれば、軌道修正が比較的容易にできるという期待もあるわけです。

もちろん、志を立てるのは、そんなに簡単なことではありません。とくに生涯をかけて取り組むような高い志ならばなおさらです。そこで次の章では、生きる力につながる志を立てるために、あるいは背骨のある夢を描くために必要なことについて考えることにしましょう。

第3章

夢や志の描き方

●自分の人生と真剣に向き合う

人生の目標になるような背骨のある夢を描くこと、志を立てることはたいへん大事なことです。これまでの話でそのことが理解できた人は、おそらくいますぐ実行しなければという気持ちになっていることでしょう。

しかし、実際にこれらのことに取り組もうにも、方法がわからず、なにをすればいいのかよくわからないという人もたくさんいることでしょう。それもそのはずで、いまはこうしたことをだれも教えてくれないのですから当然といえば当然です。

前章で述べたように、こうした人生の目標のつくり方は、学校では教えてくれません。もちろん、中には親の意識が高く、うまく導いてくれたり、サポートをしてくれたりすることもあるようです。いわゆる「親子鷹」といわれるケースがそうです。ただし、このような家庭は少数派ですし、ときにはまわりが導いてくれた道が自分の望んでいなかったものであったり、合わなかったりすることもあるでしょう。そういう場合も含めて、背骨のある夢を描き、志を立てるのは、いまは基本的に、自力で行うしかないと考えたほうがいいでしょう。そこでこの章では、生涯かけて取り組むような人生の目標をつくるための方法について考えてみたいと思います。

私の経験からいうと、生涯をかけて取り組むような人生の目標をつくるためにやるべきことは、自分の人生と真剣に向き合うことです。幸いにして私の場合は、人生の目標を早い時期に見つけることができました。しかし、それはたまたまそうだったということではないと考えています。早い時期に自分の人生と真剣に向き合い、悩みに悩み抜いたからで、そういう経験があればこそのことだと思っています。

私が自分の人生と真剣に向き合うことになったのは、将来の進路を決めなければならなかった高校生のときです。家業を継ぐというのは、それ以前から漠然と考えていたことではありましたが、それまではまだそれほど切迫した問題にはなっていませんでした。しかし、高校生になったときの感覚はちがいました。卒業後の進路を嫌でも決めなければならないのがこの時期です。そのときの決断が、自分が進むべき道を決める、いわば一生を左右するもののように思えたので、真剣に考え、大いに悩んだのです。

この作業はたいへんつらく苦しいものでした。人生経験があまりない高校生が、少ない知識を使って人生の目標を探そうというのですから、それは当然のことでしょう。それでも必死にもがいているうちに、いろいろな考えが浮かんできました。それが本当に生涯をかけられる目標なのかを何度も何度も検討しているうちに、ようやく道が見え始めてきたわけです。

とはいえ、これはそのときに決めた道をずっと歩き続けてきたいまだからいえることなのかもしれません。じつのところ、当時はまだはっきりとした形で道が見えていたわけではありません。本当におぼろげながらという感じで、その道を歩くことが本当に自分のためになるのかは半信半疑でした。

一方で、その道を歩きたいという強い思いもあったので、不安もあったものの、それでも前に進んでみました。その道に確信を持つようになったのは、その後だんだんと、という感じです。実際に歩きながらいろいろなことを経験し、そこでまたいろいろなことを感じる中で、確信を深めていったわけです。

いずれにしても、自分の人生と真剣に向き合わないことには、いま自分が歩いている道が自分にとって最良の人生を歩むための道になっているか否かの判断もできないのではないでしょうか。大切なのは、とにかく真剣に向き合いながら考えることだと思います。この作業は、必ずしも立ち止まってやることはありません。なんとなく選択したレールの上をとりあえず歩きながら考えるということでもいいでしょう。しかし、どこかで必ず人生をかける決意を求められる場面が訪れると思います。

そして、このように自分の人生と真剣に向き合うようになると、毎日の生活の中で触れるものから、いろいろなことを感じるようになります。その中には、自分が大切にしたいと心から思えるようなことが必ずあるでしょう。それはこれから自分の中につくろうとしている、自分の中の背骨や軸になる考え方になる可能性のあるものです。そういうものを意識して考え続けていると、描く夢には背骨ができるし、高い志を立てることができるでしょう。

●ナンバーワン、オンリーワンから刺激をもらう

ごくふつうに生きていたら、自分の人生と真剣に向き合う機会はなかなかありません。こうした機会は、強く意識していないと、現実にはなかなか持てないようです。

しかしながら、私が早い時期にできたように、ある条件が揃うと人生と真剣に向き合

いやすくなるのはたしかなようです。前述のとおり、私の場合は家業を継ぐかどうかを決めなければならない、切羽詰まった状況に追い込まれたことが奏功しました。そのときは大いに悩み苦しみましたが、いろいろと真剣に考えたことはその後の人生に大いに役立っていると実感しています。

自分の人生と真剣に向き合う方法としては、このように自分をあえて追い込まれた状況に置いてみるというのも一つの手です。とくに進学や就職など節目の時期は、将来のことを考える絶好のチャンスになります。そのときに考えたことは、その後の人生に大きな影響を与えるものになるでしょう。そのことを強く意識しながら、こういうタイミングで一度、自分の人生について徹底的に考えてみることを勧めます。

ただし、こういうときでも本当に追い込まれていないと、自分の人生と真剣に向き合うのはなかなか難しいことかもしれません。たとえそうであったとしても、自分の人生について意識して考えることはどんどんやるべきです。

そもそも人生の答えは、一日や二日でたどり着けるようなものではありません。毎日の生活でいろいろなものに触れながら考えに考え続けて、ようやく自分が進むべき方向性が見えてきます。しかも、最初のうちの見え方は、まだおぼろげながらという感じです。そうだとすると、やはり考える機会はできるだけ増やしたほうが、より納得できる答えを導きやすくなるというものです。

中には、自力では答えを導き出せないどころか、検討もなかなか進められないという人もいるでしょう。そういう場合は、だれかのやり方や考えを参考にするという手もあります。

世の中には、早い時期に人生の目標を決めることができ、なおかつその道を迷わずに自信を持って進んでいるような人もいます。こういうケースは稀《まれ》ですが、その人がいつどこでなにを感じ、なにを考えて自分の道を決めたのかは、後から続く人には大いに参考になるはずです。

とくに若くして成功し、なおかつその状態を長く維持していたり、別の分野でも成功を遂げていたりするような人の話は、大いに参考になります。一過性の成功者ではなく、持続力がある人です。幸いにしてこういう人は世の中から大いに注目されて、本や雑誌に半生が綴られていたりします。そういうものを読んでみたり、機会があれば講演などを聞いたりするといいでしょう。

これは恥ずかしいことでもなんでもありません。人間はよくも悪くもまわりの影響を受けています。人生に関する様々な検討を行うときにだって、だれかの影響を受けることはよくあります。もちろん、ときには後に振り返ったときに、マイナスだったと感じるような悪影響を受けることがあるでしょう。どうせ影響を受けるなら、できれば悪影響ではなく自分にとってプラスになるような影響を受けたいものです。

そのために私が勧めるのは、やはりある道で成功している、ナンバーワンやオンリーワンといえるような人から刺激を受けることです。こういう人たちに触れる機会をぜひ積極的につくってください。すべてが自分にとってすぐに役立つとはかぎりませんが、あることを極めている人から刺激をもらうことはいろいろな意味でプラスになります。立ち居振る舞いや考え方など、どこかに必ず参考になるものがあるからです。

また、こういう人たちからもらった刺激によって、あるとき自分自身の人生の検討が一気に進むことだってあります。だからナンバーワンやオンリーワンから刺激を受ける機会は、意識してどんどんつくったほうがいいのです。

●「自分自身の幸福」について徹底的に考える

自分の人生と真剣に向き合うといっても、なにをどうすればいいかわからない人がたくさんいることでしょう。これはあまり難しく考える必要はありません。具体的にやるべきことは、自分のこれからの人生についての検討だと思ってください。

最初に述べたように、自分の進むべき方向や将来の目標が見えていないと、自信を持って積極的に動くことができません。そうならないために、自分の人生と真剣に向き合い、いろいろと深く考えることが必要です。そして、少なくとも自分が進むべき方向についてては、早々に決めることが大事になるわけです。

そして、この検討を行うときに、ぜひやってもらいたいことがあります。それは「自分自身の幸福」について徹底的に考えることです。「そんなの当たり前のことではないか」と思われた人もいることでしょう。しかし、この検討が不十分なために、一定の社会的な成功を収めても心が満たされずに悩んでいるような人もいるので、めんどうくさがらずにどこかできちんと考えてみることを勧めます。

一定の社会的な成功を収めても、ときに心が満たされないことがあるのは、目指してきたことが自分にとって心から望んでいることではないからにほかなりません。百人いれば百通りの考えがあるように、幸福の形も人それぞれです。そのことを理解していないと、せっかく努力して結果を出しているのに、心が満たされないことがあるわけです。

こういうのは決して珍しいことではなく、現実によくあることです。落とし穴にはまりやすいのは、自分の人生と真剣に向き合う労を惜しんできた人なのでしょう。いつの時代も社会には成功法則のようなものがあるので、その流れに乗ることでだれでも一定の成功を得られます。しかし、それが自分の望んでいる幸福の形と異なれば、当然、成功しても心は満たされることがないわけです。

こういうのを避けるためには、やはり自分自身の幸福について一度真剣に検討しておかなければなりません。それでなくても人間は、まわりがいう成功法則のようなものに流されやすいところがあります。自分自身でいろいろと考えて決めるより、だれかがつくった流れに乗ったり、いわれたことをそのとおりにやっていたりするほうが断然楽だからです。

しかも、成功法則として認められていることは、少なくともその時代には高く評価されているから厄介《やっかい》です。難しいことを考えずに、流れに乗るだけである程度の結果が出せるなら、これほど楽なことはありません。加えて長らく成功法則とされてきたのは、苦労をしながら新たなことに挑戦するようなものではなく、安定志向でより楽にいい状態を手に入れるというものです。そのようにして手に入れることができる幸福は一過性のものであるリスクはあるものの、これではだれだって、自分に合っているかどうかを深く検討しないまま、ついそちらの方向に進みたくなるのは当然というものです。

たとえば、日本ではかつて、一流の大学を卒業して官庁に入ったり、一流の企業に入ったりすれば、それがそのまま幸福につながるとまじめに考えられていました。その傾向はいまでもあります。ある一つの山の頂点を目指す生き方のみをよしとする考え方です。もちろんいまは、目指すべき頂点が多様化して、たくさんの山の頂点、すなわちいろいろな分野でトップになることを目指す生き方がよしとされるように変わってきてはいますが、そんな中でも以前のように、一流大学から官庁や一流企業を頑《かたく》なに目指している人がいまでも少なからずいます。これはそのような生き方が一番だと信じる親世代の影響かもしれませんが、実際にそうすることで生活が安定したり、高給を得られることがあるので、この考え方は決してまちがっているとはいえません。

しかし、それが本当に万人の望んでいた生き方かというと、その点は大いに疑問です。生活の安定や高給は、たしかにあればうれしいものです。ところが、それを必要以上に追い求めると、冒険や挑戦が一切できなくなるし、これではおもしろみに欠ける人生になってしまうという問題もあるからです。

私の場合は、人々が安定や高給を求めていたその時代から、「わくわく」とか「どきどき」といった気分を味わえることを自分自身の幸福と考えてきました。そのため新しいことにいろいろ挑戦し、いろいろなものや人との出会いを大切にしてきたわけです。

新しいことへの挑戦は当然、いつもうまくいくわけではないし、挫折気分を味わったことも数多くありました。しかし、乗り越えたときだけでなく、努力している最中にも大きな充実感を得ることができたので、挑戦し続けることを求め続けてきたのです。

もちろん、人によっては「挑戦」より「安定」を強く望むことでしょう。それはどちらがいいとか悪いとかいうことではなく、幸福の形のちがいにすぎません。先ほども述べたように、百人いれば百人の幸福の形があります。その時代の成功法則を利用するのは悪いことではありませんが、後悔しない人生を送るためには、自分が心から求めている幸福とはどういうものかを徹底的に考えたほうがいいわけです。

●不易の幸福、流行の幸福

自分自身の幸福について考えるときに、一つ注意しなければならないことがあります。それは幸福には「不易の幸福」と「流行の幸福」があるということです。これらは私が大切にしている「不易流行」という言葉をもとにした造語です。

不易流行は、一般的には松尾芭蕉が説いた俳諧の基本となる考え方を紹介するときに使われています。正確には「不易流行其基一也（ふえきりゅうこう、そのもとひとつなり）」というそうです。

不易流行の「不易」は、不変の法則、真理のことです。一方の「流行」は、時代や環境によって変化する法則を表しています。二つの言葉の意味は、まったく反対です。そして、それらを合わせた不易流行は、変化しない本質的なものを大切にしながら、その中に新しく変化を重ねているものを取り入れていくことが大事であるということを伝えるときに用いられています。

じつは私がひかれているのは、そのような意味にではありません。この言葉を聞くと、自分が正しいと考えているものにも、不易と流行という二つのものがあるということを思い出すことができるから好きなのです。

たとえば、そのときどきで変化するものを不変の真理のように扱ってしまったら、いずれ必ずどこかでおかしなことが起こります。これは珍しいことではなく、失敗パターン、転落パターンなどとしてよくありがちなものです。

じつは幸福にも不易と流行があります。不易の幸福は、いつの時代も変わらない幸福です。一方の流行の幸福は、時代によって変わるものです。先ほどの話で考えてみると、前者は自分自身の幸福に通じるもので、後者は成功の法則を使うことで得やすいものの時代によって変わる幸福の形といえるでしょう。

不易の幸福と流行の幸福には、大きなちがいがあります。不易の幸福は、自分次第の面があります。しかし、後者は、個人の力が及ばない大きなものの影響を受けやすいのです。それは流行の幸福が得られるかどうかは、それこそ運次第で大きく変わることがあるという意味です。

流行が続けば、その道に乗ることでいい思いをし続けることができるかもしれません。ところが、途中で時代や環境が大きく変わると、一気に奈落の底へ突き落とされる危険があるというわけです。

これでは自分の人生をかけて、博打を行っているようなものです。しかし、流行の幸福を追いかける道を選択している人は、たいていはそのことに気づいていないようです。

自分が博打を行っているという意識はまったくないのです。それどころか反対に、最も安全かつ確実な道を選択しているつもりになっていたりします。

これが流行の怖さです。そもそも流行というのは、そのものが力を発揮している時代や環境では、最高の武器になるという特徴があります。そのときにはまわりに流行を選択したことで成功した人や、同じようにその道を目指す人がたくさんいるので、それが大きな安心感につながり、その道を選択することへの抵抗が小さくなります。こういう環境では、多くの人が本当はあるはずのリスクを見なくなりがちなのです。

その状態で、時代や環境の変化で流行が流行でなくなるようなことが起こったらどうなるでしょうか。結果は推して知るべしで、リスクを考えずにその道にひたすら乗ることを目指してきた人は、ひとたまりもないでしょう。

歴史を振り返ってみると、こういうことは過去に何度も起こっています。幕末から明治維新にかけての時代には、徳川幕府を支えてきた武士が一転して冷や飯を食わされるような状況に追い込まれました。また、太平洋戦争の敗戦後は、それまで日本の中枢で活躍していた人たちが戦犯として裁かれ、命を奪われたり、公職を追放されたりするケースがたくさんあったという具合です。

これらは極端な例に思えるかもしれませんが、流行の変化はいまでもときおり見られます。先ほどあげた、一流の大学を卒業して官庁に入ったり、一流の企業に入ったりすることを目指す生き方にしても、いまは必ずしも成功モデルといえなくなっています。多額の収入を得ることができた公務員の天下りが非難されたり、一流企業が倒産したり、経営危機に陥って大規模なリストラをしたりするようなことがふつうに起こるようになっているからです。こうした生き方が、安定的な生活や高収入に必ずしも結びつかなくなっているのはまちがいありません。

もちろん、私がここでいいたいのは、「流行に乗ってはいけない」ということではありません。流行があるときは、それに準じた生き方をしたほうが、手っ取り早く結果を出すことができるのは事実です。それによって目指していることが早く実現できるなら、むしろどんどん利用するべきだと思います。

しかし、流行はあくまで一過性のもので、普遍的なものである不易とはちがいます。そのことはきちんと頭に入れておかなければいけない、ということをいっているのです。もしもそのことを前提に、大事な決断や自分自身の幸福について日頃から検討しておくことができたら、人生の中で判断ミスや後悔をすることが少なくなるでしょう。

●「絆」のある人生、ない人生

自分自身の幸福について検討するときに、もう一つ考慮すべきことがあります。それは人との関係性です。なぜこのようなことを考えなければならないかというと、人間は一人では生きていけないからです。

自分自身の幸福を突き詰めていくと、いずれ必ず他人との関係にぶつかります。これはどんな人であってもです。「絆」の問題はやはり、避けては通れないものなのです。

私は地方都市の新潟で生まれ、主たる活動の拠点を故郷に置いています。いまではこうした生き方をしている人が少しずつ増えていますが、以前は決して主流的な生き方ではありませんでした。それは地方都市には、高いレベルの教育が受けられる学校や、幅広い種類の仕事ができる職場がなかったからです。

こういうものはたいてい、大都市に集中していました。地方にもそれなりに学校や仕事はありましたが、種類が少なかったので、多様な要望に応えることができませんでした。そこで、より高いレベルの教育を受けることを望み、特殊な仕事や高収入が得られる仕事に就くことを望んだ人は、必然的に故郷を離れて、都会に出ていかざるを得なかったわけです。

もちろん、故郷から離れることになろうと、目標としていることが実現できれば、それはそれで大きな喜びや充実感を得ることができるでしょう。しかし、現実には目標を実現しているのに、どこかで満たされない思いを強く感じることが多々あるようです。

私はこれまで、そういう悩みを抱いている人を何人も見てきました。こういう人たちからよく聞かれるのは、故郷で暮らす老いた両親のことを心配する声です。その反対に、子どもの幸福を願って都会に送り出した両親の側から、「お盆や正月に帰省するときにしか子どもと会えないし、かわいい孫の顔を見ることもできない」という愚痴を聞かされることもよくあります。

こうした問題を解決する手段として、豊かな暮らしができる都会で、両親と一緒に暮らすという選択肢もあります。いかにも手っ取り早い解決策のように思われるかもしれませんが、現実に実現するのはなかなか難しいようです。一番のネックは経済的な問題と大きな環境の変化です。それから価値観のちがいというのも大きな問題になります。

要するに、都会暮らしで、二世帯の生活を支えるのは経済的にたいへんだということです。また、仮に経済的な問題をクリアすることができても、そもそも都会での暮らしは両親にとって「望んでいる幸福の形」ではないという問題があったりするので、実現するのが難しいわけです。

　こうなるともう、どちらかが妥協するしかありません。ところが、それができないから、離ればなれに暮らしているケースが多いのが現実ではないでしょうか。その結果、どちらも面と向かって口には出さないものの、不満を鬱積させているということのようです。これは幸福どころか、明らかに不幸と呼んでいいような状態です。

　人間は自分一人が大きな利益を得られたところで、それだけでは心から満足できないところがあります。自分が幸福になれたら、次は家族、そして友人というふうに、範囲をどんどん広げてまわりの人たちと幸福を分かち合うことを望むようになるのです。

　まわりの中でも家族の幸福はとくに重要視され、ときには自分の幸福より優先して考えることだってあるくらいです。それほど大切な家族が結果として不幸になっているとしたら、自分自身は幸福を得ることができたところで、その状態を心から喜ぶことはできないのではないでしょうか。

　先ほどもいいましたが、人間は一人では生きていけません。私たちが存在しているのは、祖先から脈々と命が受け継がれてきた結果だといえます。これまでの人生の中でだって、同じ時代や社会に生きているまわりの人たちからたくさんの有形無形のサポートを受けてきたはずです。そのことはまぎれもない事実なのです。

自分一人が幸福になることだけでは心から満足できないのは、背景にこのようなものがあるからでしょう。自分が幸福になる一方で、自分を支えてくれたまわりが苦しんでいる姿を見せつけられたら、だれだってその状態を心から楽しむことはできません。そうだとすると、最初からそのことを考慮して、まわりとつながりながら生き、ともに発展していくような幸福の形を考えたほうがいいのではないでしょうか。そして、それが自分自身の幸福の検討を行うときに、「絆」のことを考えたほうがいい理由なのです。

●自分で考え、自分で決める

どんな目標でもそうだと思いますが、これらは実現するためにあるはずです。もちろん、自分の人生と真剣に向き合うことで見えてくる、自分自身の幸福の形もまったく同じです。

自分自身の幸福の形を理解するのはすばらしいことですが、それだけでは得られる喜びや充実感はたかがしれています。せっかく自分自身の幸福の形が見えてきたのなら、それを実現する努力をしない手はないでしょう。

理想をいえば、自分の望んでいる状態に到達したときだけでなく、努力のプロセスでも大きな喜びや充実感を得たいものです。そう考えると、目指す幸福の形は、自分が真剣に取り組むことができるものがベターではないでしょうか。

実際に到達するのが難しい大きな目標であろうと、高いモチベーションを維持しながら真剣に取り組むことができれば、それだけで大きな喜びや充実感を得ることができます。ただし、こういう難題はふつう、真剣に取り組んでもなかなか実現するのが難しいようです。それでも努力のプロセスで大きな喜びや充実感を得ることができるならば、それはそれで立派な一つの幸福の形といえるのではないでしょうか。

努力のプロセスで大きな喜びや充実感を得るためのポイントは、高いモチベーションを維持することにあります。もちろん、これに結果が伴えば、いうことはありません。

高いモチベーションの維持ということで考えると、目標の設定はやはり、自分自身で行うことにこだわったほうがいいでしょう。人から目標を与えられると真剣に取り組めないことがあるし、「もともと自分が望んだことではないから」というふうに、努力をしないことを肯定する逃げ道として使ってしまうことがよくあるからです。

自分で目標をつくるのは、当たり前のことのように思われるかもしれません。しかし、これは思った以上にたいへんなことです。実際問題、そのようにしている人は少ないようです。

それは努力のプロセスでも喜びや充実感が得られるような目標は、そもそも自分自身の幸福の形を理解していなければ見つけることができないからです。とくにそのような目標を自分自身でつくるとなると、これはかなりたいへんです。多くの労力と時間が必要になるので、実際に行っている人は意外に少ないわけです。

ちなみに、こういうものにもじつは、流行の法則のようなものがあるようです。自分で苦しんで考えることをしなくても得ることができる、手っ取り早い答えのようなものがそれなりにあるのは、いつの時代もさほど変わらないようです。そういうものを利用するだけで十分と思っている人は、ゼロの状態から自力で目標をつくることなどばかばかしくてやりたくないでしょう。自力で目標を設定している人が少ないのは、背景にこのようなことがあるからなのかもしれません。

しかし、目標設定を流行の法則を使って行うのと自力で行うのとでは、達成したときだけでなく努力のプロセスで得られる喜びや充実感はかなりちがいます。やはりすべてを自力で行ったときのほうが、苦しんだ分だけ得られるものが大きくなるようです。

この結果は、真剣に取り組んだことへのご褒美のようなものです。どうせなら多くの喜びや充実感を得られる人生のほうがいいでしょうから、自分自身の幸福の形や人生の目標などは、自分で考え、自分で決めることにこだわったほうがいいでしょう。

●自立した人生を送る

この章の最後に、ぜひ述べておきたいことがあります。それは本書を通じて私が推奨している「自立した生き方」とは、いったいどういうものかということです。

おそらく多くの人が考える自立は、社会に出て自力で生きている状態のことではないでしょうか。しかし、それは経済的な自立であって、本当の意味での自立ではないと私は考えています。

人の生き方には、大きく分けると二つあります。一つはだれかに指示されながら生きる生き方で、もう一つは自分で考え、決めながら生きる生き方です。自立をするというのは、まさしく後者の生き方をすることをいうのではないでしょうか。

現実には、なにからなにまでまわりの指示どおりに動く人などいません。その反対に、なにからなにまで自分で考え、自分で決めるということもないでしょう。そう考えると、自分がどちらのタイプなのかを見極めるのはなかなか難しいかもしれません。判断基準としては、大事なことを考えたり決めたりしなければならないときに、どちらの面がより強く出やすいか、あるいは出ているかを見るのがいいでしょう。

この本の冒頭で私は、本書に啓発されて、みなさんの中から起業家を目指す人が出てきてもらいたいということをいいました。そのことを覚えている人は、自立した生き方から、私のように自分で事業を起こした経営者を想像する人が多いかもしれません。自分で道を切り開く創業経営者は、たしかに自立した生き方をしているといえます。しかし、自立した生き方は、ほかにいくらでもあることをここでぜひ確認しておきたいと思います。

いまの時代は、多くの人が社会に出てから会社などの既存の組織に属して働いていますす。そういう人たちの中にだって、立派に自立して生きている人はいると私は考えています。組織の中では当然、上司の命令や組織のルールに従うことが求められます。だからといって、だれかの命令にただ忠実に従って動いていればいいわけではないのです。

こういう上からの命令に忠実に従うタイプの人は、イエスマンを望んでいる上司からはかなり重宝がられます。できあがったシステムを運用するだけで好結果が出せる組織では、こうしたタイプでもいい思いをすることができるのかもしれません。しかし、現実にこういう人たちが活躍できたのはバブル経済期までです。時代がめまぐるしく変化する中で、いまは常に新しいことへの挑戦が求められているので、活躍の場はかなりかぎられています。

そもそも上から見て使い勝手がいいというだけでは、決断力が求められる重要なポストには就けないでしょう。こういうタイプの人は、自力で生きていく能力に欠けているということができます。属している組織が安泰なうちはいいのですが、経営が傾いて組織が潰れるようなことになったらひとたまりもありません。

一方、自立している人はちがいます。組織の中で自立するというのは、ルールを無視して手前勝手に行動するということではありません。組織にとって利益になることを前提にして、要求されている以上の目標を自分で設定したり、それを自力で実現したりすることができる、問題解決能力が高いタイプの人を指します。こういう人の活躍は、組織にとっては大歓迎で、実績を上げ続けていけば決断力が求められる重いポストを任されることになるでしょう。つまり、同じように組織に属しながら、自分自身で裁量を発揮してより充実した人生を歩むことができる可能性が高いわけです。

もちろん、実際にはそんなふうにうまくいくケースばかりではありません。とくに新たな挑戦を好まない官僚的な組織では、自分で裁量を発揮することは現実にはなかなか難しいことでしょう。こういう組織というのは、自分の考えを主張したりそれに基づいて行動したりする人を嫌う傾向があります。出る杭は打たれることが多いので、うまくやっていくためには自分を抑制して我慢をしたり、問題があっても見て見ぬふりをするなどしなければならないかもしれません。

それが嫌ならば、組織を出るというのも一つの選択肢としてあります。もともと自立している人は、一人で生きていく能力が高いので、そういうことは十分に可能です。それでなくても変化を嫌う官僚的な組織では、時代の変化の中で従来のやり方が通用しなくなり、突然危機に瀕するようなことが起こりがちです。しかし、そういう場合でも、持ち前の問題解決能力を発揮して転職をしたり、場合によっては自分で会社を起こして、それまでの経験を活かした商売を始めたりすることができるのであれば、不安や心配は少ないでしょう。

●自立した生き方で自分を守る

自立している人はこのように、自分で考え、自分で決めて実行する能力に優れています。もちろん、その先の結果に関しては、自分で責任を負わなければなりません。これはたいへんなことに思えるかもしれませんが、最近では自立している人のほうが明らかに社会的な成功を収めやすくなっています。それは昔とちがって、いまは時代の変化のスピードが速くなっているからです。

不易と流行の考え方でいくと、自立をすることで成功を目指す生き方は、不易に近いものになります。時代や環境の変化に左右される流行の法則とちがって、どんな状況でもある程度の結果を出すことが期待できるからです。そして、これが自立している人の強さです。自分で考え、自分で決めて実行することができるので、どんな時代のどんな環境に置かれようとも、自力で人生を切り開いていくことができるわけです。

昔とちがって、いまは流行の法則の寿命が短くなっています。もちろん、いまの時代にも成功への近道のような生き方はあります。ところが、それらは「このとおりにしていれば一生安泰」というものではなくなっています。そして、そのことをきちんと理解していないと、いずれ後悔することになるのは目に見えています。

たいへん残念なことに、いまは「新たなことへ挑戦する人生」より「安定した人生」を求める傾向が強いようです。そのため公務員を目指したり、民間でも公的な事業を行うインフラ系の大企業や広く名前が知られている大企業への就職を希望したりする人が多い状況です。おそらくこのときの判断基準は、「今後の見通し」というよりほとんどが「現在の状況」ではないでしょうか。「安定」というと「今後」とか「これから一生」につながるように錯覚しがちですが、「現在安定しているだけ」も「今後も安定している」も「安定」に変わりありません。「安定」という言葉に錯覚を起こし、安易な選択をしている人は後々たいへんなことになるような気がしています。

リストラがない公務員の生活は、たしかに安定しているように見えます。しかし、国や地方公共団体の借金は増える一方であることを忘れてはなりません。この先も同じ待遇が維持されるとはかぎらなくなっているのです。

また、国家の支援で経営再建に成功したとはいえ、日本の二大航空会社の一つである日本航空は一度破綻しているし、福島第一原発の事故後の東京電力の凋落ぶりは目を覆いたくなるほどひどいものです。こういうものを見ていると、インフラ系の大企業といえども、決して未来は安泰であるとはかぎらないことがよくわかります。

一方、上場している大企業の多くはグローバル化の道を進んでいます。そのため最近では、優秀な外国人を社員やリーダーとして採用したり、株主が外国人投資家というケースが増えています。アグレッシブな彼らと対等にやりとりをするには、多大なエネルギーが必要になるでしょう。このように以前とは環境が大きく変わっているので、いまは単なる安定志向で大企業の中でうまくやっていくのが難しくなっているといえます。

国家や地方自治体の財政危機が深刻な問題になっている近年は、社会のセーフティネットがどんどん不確実なものになっています。このため、自立した生き方自体がセーフティネットになるという期待があります。自分の力で道を切り開き、困難な問題を解決することができる人は、まわりの状況が自分にとって不利なように変化しようと、自力で乗り越えていくことができるからです。

どんな状況であっても自力で問題を解決し、自分自身で道を切り開いていけるのが自立している人の強みです。こういう生き方をしている人は、時と場面に応じて的確な判断を行うことが求められる経営者として成功する可能性が高いと思われます。それだけでなく、どこかの組織に属しながら生きる場合もまったく同じで、大成する可能性が大です。

自分で道を切り開き、創業経営者になるのは、すばらしい生き方です。私はできれば多くの人に、こうした生き方を目指していただきたいと考えています。しかし、こうした生き方をすべての人に勧めているわけではありません。人には向き不向きがあるし、社会の中にはいろいろな役割があるからです。

リーダーの資質がある人は、ぜひその道を進むべきです。しかし、リーダーを支える参謀のほうが最高の力を発揮できるという人は、そのような道を目指せばいいと思います。もちろん、それらと異なる役割が向いている人は、その道を進むのが一番の選択ということになります。どの道を進もうと、それはそれで一つの立派な生き方であるし、自分に合った道を進むのがやはり最も力を発揮できる一番の道ということになるからです。

ただし、どんな道を進む場合でも、志というものを強く意識し、また自立した生き方をすることをぜひ心がけてください。たいへんに思われるかもしれませんが、それが先ほどいったように自分の幸福や、自分自身を守ることにつながるからです。そのことは忘れないでください。

そもそも結果がどうあれ、少なくとも自分自身がいろいろと考えて決めたことなら、後悔は少ないでしょう。一度きりの人生ですから、他人任せにするようなことはしないでください。自分で選び、自分の力で切り開いていくような生き方を選択したいものです。

たしかに自立した生き方には、大きな不安や心配があります。自分で決めなければならないとすると、躊躇してなかなか一歩を踏み出せないのが人間です。しかし、その不安や心配の先には、それ以上に多くのわくわくどきどき、そして充実感があります。そういうものを享受できる生き方をしたほうが、人生がよりおもしろくなるでしょうから、勇気を持って自立した生き方への一歩を踏み出してください。

第4章

「大きな夢」「高い志」を描くのに必要なこと

●ブレない人生を送るために

描く夢や立てる志は、できるだけ大きくしたいものです。そのほうが人生はより充実したものになるからです。

しかし、多くの人を利する大きな夢を描き、大きな志を立てるのは、それほど簡単なことではないようです。そこでこの章では、そのためにどういうことが必要になるかを考えてみることにします。

大きな夢を描き、大きな志を立てるためには、いったいなにが必要になるのでしょうか。最も大切なのは、自分の中に軸となる考えを持つことであると私は考えています。

軸になる考え方というのは、その人の考えや行動を決めるときの基準になる人生哲学のようなものです。こうしたものがある人とない人とでは、やはり考えや行動がかなり変わります。概していえるのは、軸になる考えがない人は、ある人に比べると、かなり「迷いやすい」ということです。考えや行動を決めるための基準のようなものがないのですから、これは当然のことではないでしょうか。

人生には、なにかの判断をしなければならない場面がたくさんあります。そういうときには、メリットとデメリットを考えたり、自分の人生哲学に照らし合わせたりしながら、進むべき道を決めることが求められます。

これはかなり面倒なことですが、自分の中に軸になる考えを持っている人は、これを価値判断の基準にすることができます。そのため、もたらされるメリットとデメリットの間で悩みながらも、比較的楽に決断ができるわけです。

しかし、軸になる考えがない場合はたいへんです。こういう場合は、大いに迷うことになるようです。

そのように迷うのが嫌で、別の人の判断基準、つまり流行を利用してこれを行う人も多いようです。そのときどきに得られるメリットを最優先するというふうに割り切ることができれば、たしかに決断は楽になるでしょう。

とはいえ、注意しなければならないのは、流行は時代や環境によって大きく変わることがあるということです。これを基準にした判断は、根無し草のように、そのときどきによってかなりバラバラになることがあります。このような浮ついた人生を送っていると、当然のことながら人からの信頼は得にくくなるでしょう。また、一貫性がないため、自分自身の喜びや充実感も得にくくなるようです。

もちろん、軸になる考えがあるからといって、それがそのまま人生の喜びや充実感につながるとはかぎりません。その考えが流行に反するものなら、頑《かたく》なにこだわっていることで不利益を被るかもしれないからです。

とはいえ、「伝統を大事にする」という考えを大切にするのはすばらしいことですが、それを新しい時代の中でうまく調和させるような柔軟さがないとうまくいかないのは目に見えています。逆にいうと、そういうものがあれば変化によって時代に合わなくなってしまったものに新たな輝きを持たせることができるし、それを使いながら自分自身も輝くことができるという期待があります。

話が少し横道にそれてしまいましたが、ここで私が強くいいたいのは、自分の中に軸になる考えをつくることの大切さです。これは生きていく上での判断基準になるものだといえます。

こういうものをつくることができた人は、やはり迷いにくくなるわけです。またそのときどきでぶれることがない生き方ができるようになるので、人からの信頼が得られやすくなるし、自分の生き方に自信が持てるようになるという大きなメリットもあります。

ただし、先ほどもいいましたが、軸になる考えに頑なにこだわりすぎると、そのことで逆に大きな不利益を被りかねないという危険があるので、その点は注意が必要です。そこはメリットとデメリットを検討しながら、柔軟に考えることが必要になるわけです。

人生へのこだわりは、生きているから意味を持つものであることを忘れないでください。そのことを肝に銘じつつ、自分の中に軸になる考えをつくっていけたら、喜びや充実感を与えてくれる大きな夢を描くことができるし、大きな志を立てることができるでしょう。

●大事なことは「戒め」として強く意識する

私の場合は神主なので、軸になる考えは神道の影響を強く受けています。一例をあげておくと、「和の精神」や「祖先への感謝」、それから「中庸」や「自然との共生」といった考えなどを大切にしています。これらの具体的な中身は、後ほど簡単に触れることにします。

おそらく多くの人は、自分の中に軸となる考えをつくるといっても、なにをどうすればいいかわからないことでしょう。これはそんなに難しく考えるようなことではありません。人間、生きているといろいろなものや人に出会い、大きな感動や感銘を与えられることがあります。そうした経験を通じて学んだことの中には、「自分も大切にしたい」と思えるような考えが必ずあるものです。そういうものを素直に吸収しながら、最終的に自分の中の軸にしていけばいいのです。

こういうものは多くの場合、一過性の感動や感銘で終わってしまいがちです。それはおそらく、自分の中に軸をつくるための参考にしようという意識が希薄だからではないかと思われます。いくらナンバーワンやオンリーワンと積極的に触れ合うようにして大きな刺激を受けることができたとしても、そこからなにを学ぶとか、自分の中に吸収しようという気持ちがないと、その体験をうまく活かすことはなかなかできないわけです。そこは気をつけなければならないところです。

それでは自分の中に軸となる考えをつくるには、どうすればいいのでしょうか。こういうものはすぐにつくることができるものではなく、いろいろなことを経験しながら考える中で、少しずつ育まれていきます。このスピードを速めるには、自分が大切だと思えることを意識して吸収することです。たとえば、心ひかれる考え方を人生の教訓とし、戒めにするというのでもいいと思います。

心ひかれるものをとにかく次々と取り入れていたら、おそらく最初のうちは一貫性のない軸しかつくることができないでしょう。これは猿まねのようなものですから、場合によっては相反するケースが出てきたりして、どちらを優先させるかで大いに悩むこともあるでしょう。

じつはこのプロセスが大事です。矛盾があれば、それを解決するために考えなければなりません。これはたいへんな作業ですが、嫌がらずにやっていると考えが整理されていき、だんだんと自分なりの軸がつくられていきます。もとはだれかの受け売りかもしれませんが、自分の中に取り込んでいろいろと検討することで、それらを使って自分のオリジナルの軸がつくられていくというわけです。

私は神主なので、神道の考えを強く受けているといいました。しかし、私の軸はそれだけでつくられているわけではありません。子どもの頃から「人間とはなにか」という疑問を持っていたので、思春期にはニーチェをはじめとする哲学書を読み漁ったり、神道以外の宗教についても積極的に学んだりしました。私の中にある軸になる考えは、当然、そういうものの影響を強く受けて、総合的につくられています。

誤解しないでいただきたいのは、こうした軸になる考えには「これが唯一絶対の正解」というものはないことです。先ほど検討した幸福の形と同じで、百人いれば百人なりの軸があると思ってください。

大切にしたい考えは、人によって異なるでしょうし、細かな差を気にする必要などないのです。自分が大切にしたい考えをどんどん取り入れていきながら、そこで大いに考え、悩みつつ、ぜひ自分なりの軸をつくり上げてください。

●「戒め」の手本になる考え方

日本の社会が大きく変化した幕末の時代は、こうした軸のつくり方を教えてくれる人がいたし、場所があったという話をしました。残念なことにいまは、こういうものが身近にないようです。

とはいえ、軸をつくるための手本ということでいうと、じつはいまのほうが参考になるものはたくさんあるといえるのかもしれません。本であったり、ウェブ上であったり、紹介されている情報が山ほどあるからです。

こういうものは、その気になればだれでも簡単に触れることができます。これは情報社会の現代ならではのメリットです。巷にあふれている情報の中から参考になる考えを取捨選択することで、戒めの手本にすることもできるわけです。

数あるものの中からとくに私が手本になるものとして利用を勧めたいのは、いわゆる道徳の「徳目《とくもく》」と呼ばれているものです。徳目は先人たちがより善く生きるために編み出してきた、人が生きていく上で重要なことを端的な言葉に整理したものです。徳目の中には、時代や社会、宗教を超えて普遍性を持つものが数多くあります。そのためこれらを意識しながら生きることで、道徳的な態度を養うことができるとされています。

有名な徳目は、儒教における「仁・義・礼・智・信」、古代ギリシャの「知恵・勇気・正義・節制」、あるいはキリスト教の「信仰・希望・愛」などがあります。また、日本にも武士道の「義・勇・仁・礼・誠・名誉・忠義」などのようなものがあります。さらに日本には、古今変わらず深く国民に根づいている独特の道義があります。出所はともあれ、親だけでなくまわりの人も大切に扱う「孝行」や、決していばることなく相手の意見も受け入れる「謙虚」、ルールをきちんと守る「遵法《じゅんぽう》」などは、世界的に見ても特筆できる日本人に根づいた徳目といえるでしょう。

これはすべての徳目にいえることですが、日本の伝統的な道徳観が述べられているものは、やはり日本人の心に強く訴えるものがあると感じています。私の場合は神主でもあるのでなおさらです。

そもそも日本人が長い年月をかけて築いてきた道徳的な考え方は、一つには神道からの強い影響があるといっても、だれも否定できないのではないでしょうか。神道は、教義を言語で統一的に定着させていないのが特徴で、その曖昧さで、自分と異なる考え方でさえ柔軟に受け入れてきました。神道が「多神教」といわれるのは、それがゆえんで、自分と異なる価値観に対しても完全に排斥するようなことはせず、様々な価値が並び立つことを認めてきました。

日本では仏教伝来以降も神様と仏様が仲よく共存しています。日本の神様は「八百万《やおよろず》の神」で、これは森羅万象のすべてのものに神が宿っているという考え方です。天照大神《あまてらすおおみかみ》はあくまで八百万の神の象徴的存在なのです。本来は一神教的な、唯一絶対的な神様ではないのです。

ところが、明治維新の頃に、この伝統に大きな手が入れられました。西欧にキャッチアップするために中央集権国家をつくる必要にかられた明治政府は、神道を異質なものを排除することを厭《いと》わない一神教的な「国家神道」につくり変えてしまったのです。当時の日本は鎖国をやめたばかりで、西欧列強との力の差は歴然とありました。そういう事情を考慮すると、この差を一気に縮めるためには必要なことだったのかもしれません。とはいえ、精神性に関していえば、当時から日本人の道徳観は世界的にも大いに評価されていました。実際、明治維新の頃に日本を訪れた外国人によって書かれた書物の中には、日本人の道徳観を高く評価する記述が多々見られます。私たち日本人にとっては当たり前のことなので、なかなか気づきにくいし、意識しないとわからないことなのかもしれません。しかし、たとえば東日本大震災のときにも、被災地で略奪が起こらず、逆に被災した人々が助け合っている姿が報道されて、それを世界中が驚きを持って受け止めたという話がありました。これは日本人に根づいている、伝統的な道徳観のなせる業《わざ》ではないでしょうか。

　これはどの徳目であってもそうだと思いますが、あげられているのは人が生きていく上で大事であると考えられたことです。日本の伝統的な徳目にしても、日本人が培ってきた精神性を昇華した一つの形であることはまちがいないのです。

じつはそうした日本の伝統的な徳目は、外国語に翻訳されて広く世界に発信され、高い評価を受けています。それは世界的に有名になっている「武士道」だけでなく、本家の日本では見向きもされなくなっているものも含めてです。

日本の文化のよさというのは、その中で暮らしている私たち日本人にはなかなか気づきにくいものなのでしょう。そのため私たちの目は、いつの時代もついよその国のものばかりにいきがちです。その一方で、世界の人たちは同じように、逆に日本の文化のよさに注目し、なおかつ昔もいまも高く評価しているのです。そう考えると、日本人に根づいている伝統的な道徳観というのは捨てたものではないし、むしろ日本人として強く意識し、自分自身を高めていくために積極的に向き合ったほうがいいのではないでしょうか。

●戒めをつくるときの三つのポイント

戒めをつくるときには、そうした日本人の精神性、道徳観の高さをぜひとも意識したほうがいいでしょう。そのような生き方をしたほうが、人からの信頼を得やすくなるからです。

とはいえ、日本人の精神性や道徳の高さなどというと、つい難しく考えてしまって、とっつきにくい感じがするかもしれません。私なりに一つアドバイスをすると、戒めとして意識すべきことは三つのポイントで考えるといいでしょう。これは多くの徳目が、以下の三つのカテゴリーに分類できることをヒントにしています。

まず一つめのカテゴリーは、個人としての姿勢、生き方に関するものです。ここに含まれるのは、自らを高めていくために必要な考え方です。たとえば、知識を磨いたり、才能を伸ばすための努力を続けたり、人格を向上させるための努力を続けるといったものがこのカテゴリーに入ります。あるいはその際に、奢《おご》ることなく謙虚な態度を心がけるといった生活姿勢に関するものも考える必要があります。

二つめのカテゴリーは、人との関係性に関する考え方です。人との関係は、親や兄弟姉妹、夫婦などごく身近なものから、もう少し広い学校や職場の人との関係など様々です。そういう人たちと、どう関わっていくかを示す考え方がこのカテゴリーに入ります。たとえば孝行や友愛といったものがこれに該当します。

三つめのカテゴリーは、もっと広い意味での人間関係、すなわち社会との関係性に関する考え方です。これもいろいろなことを考えなければなりません。たとえば社会との関係性でいうと、秩序を守るためには遵法を意識して生きることが大事になります。また、より積極的な関わり方を求める場合は、世の人々や社会のためになることに励んだり力を尽くしたりということも大事になります。ちなみに、広くすべての人に愛の手をさしのべる、いわゆる博愛の精神などは、この延長線上にあるものです。

いまカテゴリーとして示した、個人の姿勢や生き方、それから人間関係の形、そして社会との関わり方という三つは、自分自身の軸になる考え方、戒めづくりを行うときのポイントとしてそのまま使うことができます。どのような姿勢で毎日を過ごし、まわりの人と接し、あるいは社会に関わっていくかを検討することで、自分の中に軸となる考えを育むことができるというわけです。

そして、自分が大切にしたいと思えることを戒めとして、それを意識しながら生きるようにすれば、それだけでもぶれることのない、一貫した生き方ができるようになるでしょう。

●私が大事にしていること

参考までに、ここで私が大事にしている考えをいくつか紹介しておくことにします。まず個人の姿勢や生き方としては、いつもわくわくどきどきしながら生きることを私は大切にしています。そして、そのためにはしっかりと「自立」をして、「チャレンジ精神」を持ち、新しいことへ挑戦することを心がけています。

また、極端な方向に走って失敗しないように、「中庸」を心がけることで自分を戒めてもいます。中庸というのは、儒教の四書《ししょ》の一つに数えられている教えです。これは考え方や行動が一つの立場に偏らずに中正であるとか、過不足がなく極端に走らない、といったようなことだと考えてください。

たとえば、欲に目がくらんで自分の利益しか考えなくなると、利益がぶつかるところでまわりとの衝突や摩擦が必ず起こります。こういうトラブルは、人が生きていく上で避けられないものです。そのときに欲をかけば、不必要な衝突を招いてしまいます。そのようなことがないように自らを戒めているのです。

また、必要以上に利益を求めすぎると、非合法なことに手を出したり、グレーな部分に足を踏み入れたりしてしまう危険があります。それによってたしかに大きな利益は得られるでしょうが、それはあくまで一時的なものです。極端に走ることで非合法なことやグレーなことに手を出すと、最終的には望んでいるのと逆の結果を招くのが世の常です。だから欲張って無理をしないように、ほどほどを心がけ、準備を怠らずに次の機会を待っているようにしています。

それから人間関係では、家族や知人よりもさらに広い地域との関係性を意識しながら、「祖先への感謝」、「和の精神」などを大切にしています。これらは神道の考えをベースにしたものです。

ふだんはだれもがあまり意識することがないようですが、私たちが存在し、生きていけるのは祖先のおかげです。人間が存在できるのは、祖先から脈々と命が受け継がれているからなのです。私はこのように「生かされている」という意識を持つことがたいへん重要だと思っています。そして、それを端的に思い出せるものとして、「祖先への感謝」というのを一つの戒めにしているのです。

前にもいいましたが、私はこれまで新潟という自分のルーツである場所で、地域おこしのための活動に一生懸命取り組んできました。それは祖先や自分を支えてくれた人たちが住んでいる新潟が疲弊していくのをほうっておけなかったからです。私がこの世に存在して生きているのは、新潟という場所があり、祖先を含めてそこに住んでいる人たちがいたからです。そのつながりの中で「自分は生かされている」と思っていたので、地域が疲弊していく中で自分が役に立てないかと思い、地域おこしの活動を始め、ずっと力を注いできたのです。

この活動の原動力になっているのは「家族愛」と、それよりも少しだけ広い範囲を対象にした「郷土愛」ではないかと思います。これらはだれかに教えられて身につけるものではなく、人間がもともと持っているものではないかと私は見ています。だから地域の疲弊を見たとき、自分がなんとかしたいという思いが自然発生的にわき上がってきたのだと思います。

一方の「和の精神」も、やはり日本に古くから伝わる神道に根ざしている考え方です。これはどんな人ともただ単に仲良くするということではなく、それぞれが力を発揮する中で、調和がとれている状態を表しています。和の精神のあるところには、新しいものを生み出す大きな力があります。だから私はこの考えを大事にしているわけです。

人間一人の力でなしえることは自ずと限界があります。しかし、人が集まると不思議なことに、思わぬ力が発揮されることがあるのです。一足す一は二ですが、それが三にも四にもなるのが、人と人とのつながりの力というものです。私はこれまでの人生で、この力に驚かされる経験を何度もしてきました。私が運営に関わっているJリーグ所属のサッカークラブ、アルビレックス新潟の成功などは、その典型例のようなものです。

とはいえ、和の精神を実現するのは、それほど簡単なことではありません。集まっている人が増えれば増えるほど、エゴとエゴのぶつかり合いが多くなるからです。その中で調和をはかり、力を結集して新しいものを生み出す、より大きな力に変えていくためにはいろいろなことが必要になります。そのために私が大切にしている理念は「地域の幸せのために」です。そしてそれは自分だけでなくそこにいる人たちが中庸を心がけ、和の精神のすばらしさを理解していなければできないと考えているので、私はこれらの大切さを自分にいい聞かせるだけでなく、まわりに伝えることを心がけています。

もちろん、こうした活動のほとんどは、「社会貢献」を強く意識しながら行っています。ただし、そこには私なりのこだわりがあります。社会との関わり方について徹底的に検討しながら軸になる考えをつくり、それに基づいて動いているのです。それが地域の活性化のために行っている様々な活動につながっています。

●私が考える理想の人生

私の場合、こうした自分が大切にしたい考えを強く意識した結果、自分が生まれた新潟という地域で新たなことに挑戦する起業家としての人生を歩くことになりました。おそらくこれが私にとっての理想的な生き方だったと思われます。その証拠に、これまでいくつかの事業を立ち上げる中でたいへんな思いをしてきたものの、心はいつも充実していました。

そして、そのような経験があるから、充実した人生を送りたいという人に対して、同じ道、つまり起業家になることを勧めることが多いわけです。

経営者というのは苦労や負担が多い半面、精神的にはかなり自由です。私はサラリーマンの経験がありませんが、それなりにつらさは想像することができます。人に使われていると自分が望まないことをやらなければいけないことがあるし、自分が必死になって考え、提案したことがさほど検討されることなく上から簡単に否定されるとかなり気分は悪いでしょう。これではだれだって、愚痴の一つもいいたくなります。

もちろん、経営者になったところで、まわりから同じように理不尽な扱いを受けることはあります。取引先から無理難題を押しつけられることもあるし、資金などいろいろな制約があるので、自分の思いどおりにできないことだってよくあります。しかし、その状況を受け入れるかどうかも含めて、最終的な決定権は自分自身にあるのが経営者の最大の魅力です。精神的にはかなり自由で、だから私はとくに自立心の旺盛な人には、自分自身で道を切り開いていく創業経営者になることを勧めているのです。

そして、その中でもとくに人との関係性を大事にする人には、自分が生まれ育った地域、あるいは縁あって生活することになったコミュニティの中でまわりとの関係性を強めながら「第二の故郷」として強く意識している場所で起業を行うことを勧めています。これは私自身もずっとそのようにしてきました。それが自分自身、それから自分と縁のある人の幸福につながる道であると考えていたからです。

いまの話を理解してもらうには、これまで日本がどのように発展してきたかという話に触れる必要があるでしょう。いまでこそ地域性が見直されていますが、以前は大都市と地方には明確な役割のちがいがありました。国の政策として、大都市に資本や資源を集中して産業をつくり、地方はエネルギーや人材を提供するという役割分担をしていたのです。

簡単にいうと、日本の産業は大都市に集められ、地方にある発電所から電気を供給し、地方の優秀な人材を集めることで成り立っていたのです。これが戦後の日本経済を飛躍的に伸ばすことに成功した頃の構図です。

こうした枠組みがうまくいっていた時代は、国の経済の発展が地方にもそれなりの恩恵をもたらしていました。道路やダム、港や空港などをつくる公共事業がたくさんあったからです。しかし、国の財政が悪化すると、今度は一転して地方の公共事業は見直しを迫られました。「無駄遣い」といわれて公共事業の予算は削られ、その結果、こうしたお金でなんとかまわっていた地方の経済が疲弊することになってしまったのです。

こうした厳しい状況はいまも続いています。そこから脱却する方法としては、以前は国からの援助に期待するしかありませんでした。だからどこの地方も、国からの援助を厚くしてもらうように働きかけを行っていたのです。しかし、国の財政赤字は増加する一方ですから、この方法で地域経済を回復させるのはどう考えても無理があります。

いま求められているのは、従来とは別の解決策です。地方がやらなければいけないのは、それぞれが特殊性を活かしながら産業を興すなどして、国に頼らない自立した体制を新たにつくっていくことではないかと考えています。これは私が以前から目指していたことそのものです。だから経営者としての私は、自分が決定権を持つ自由な立場を楽しみつつ、自分が住んでいる地域を中心とした地方経済を活性化させることを目指してずっと活動してきたわけです。

たとえば、最初に行った学校経営は、まさしく私にとっての地域振興の第一歩でもありました。主たる目的は地域振興を支える人材を育成することで、専門学校を中心にいろいろな学校を新設してきました。その結果、これらの学校は多くの学生を集めて街に人の流れをつくり、地域経済の循環に寄与することになったのではないかと自負しています。

私は現在、学校の経営以外に、地域のサッカークラブの運営、いろいろなスポーツクラブの創設、それから起業家の支援活動などに携わっているという話をしました。もちろん、これらもすべて地域振興が目的です。私が人生をかけて目標にしているのは、地方の経済の活性化です。これを国の力や既存のビジネスモデルなどに依存せず、新しい産業や事業を創出することで実現することを目指しているのです。

この活動がうまくいけば、地域に新たな雇用を創出することができるし、既存の企業に新たな市場やビジネスチャンスを提供してお互いを刺激しながら相乗的に発展させられるという期待があります。そして、この役割の中心を担うのは、やはり新しい発想で動くことができるベンチャー企業ではないかと考えています。

もちろん、既存企業が新規事業開発を進めたり、新たなビジネスモデルを構築して事業改革を推し進めたりする道もあるでしょう。いずれも地域の活性化につながるすばらしいことです。

そして、私自身、経営者としての活動を行う一方で、これまで多くの人に働きかけて、未来を担う起業家や企業内事業創出者の育成を支援する活動に力を注いできました。これからもこうした活動には、力を注いでいこうと考えています。

●「戒め」から「高い志」、そして「大きな夢」へ

こうして自分の人生をあらためて振り返ってみると、ここまでは大きくぶれることなく人生を送ることができていると思います。これはやはり軸になる大切な考えを早い時期に自分の中につくることができたからだと思います。

私自身、早い時期から大きな夢を持っていたとはいえ、最初から目標が明確になって

いたわけではありません。しかし、なにが大切であるかはいつも意識していましたので、大きく道を踏み外すようなことはありませんでした。これを戒めのようにして、なにかの判断をしなければならないときには基準にしてきたのです。そんなことを続けている中で、志がしっかりと固まるだけでなく、人生をかけて取り組むべき大目標まで次第に見えてくるようになりました。そのおかげで、ここまでぶれずにやってくることができたのではないでしょうか。

そうだとすると、やはり人生において優先してやるべきなのは、自分が大切にしたい考えをつくり、それを意識することではないでしょうか。もちろん、それは最初のうちはだれかの真似で構いません。人の受け売りであろうと、その考えが自分に合っているものなら大切にできるし、合っていなければ考えや行動の基準にすることはできないからです。

そのあたりを見極めながら、合っている考えを取り入れ、自分の中の軸として育んでいくのが、どんな人でも手軽にできる、現実的な軸づくりの方法ではないかと思います。

そして、このようなことを続けていくと、そのうちにしっかりとした軸がつくられていきます。さらにそのことをいつも意識していると、そのうちに自分が進むべき道がだんだんと見えてきます。

これは最初のうちこそ漠然とした形でしか見えないかもしれませんが、意識して考えているうちに、どんどんどんどん具体的になってくるはずです。そのようにして見えてきたものは、志といっていいでしょう。そして、このような努力を労を惜しまずに行うことができる人は、より高い志を立てることができるでしょう。

このようにして自分が進むべき道が見えてきたら、今度はそのことをどうやったら実現できるかを考えることになります。これが人生をかけて実現する価値のある目標、つまり夢になります。この夢を描くときには、自分以外のなるべく多くの人の利益まで考えるといいでしょう。そうすることで、より崇高な夢、大きな夢を描くことができるからです。

この一連のプロセスは、いつもすんなりいくとはかぎりません。真剣に考えれば考えるほど、途中で大きな壁にぶつかって悩むことが多くなるでしょう。その際には当然、心が追い込まれてしまうこともあります。そういうときには焦ることなく、逆戻りをして考え直すくらいの気持ちでじっくり考えることを心がけてください。時間はかかりますが、そのほうが結果的には、より大きな志を立てたり、より大きな夢を描いたりすることができるからです。

最後にもう一度確認しておきます。最も大切なのは、自分の人生と真剣に向き合い、壁にぶつかっても逃げずにとにかく考え続けることだというのを忘れないでください。その姿勢を貫いていれば、いずれ必ず道は開けるでしょう。

第5章

「かなえる力」を磨く

●高い志、大きな夢を実現するのは自分

高い志を立て、大きな夢を描くことができたら、次はそれをいかに実現していくかが大事になります。

目標を持つことは、それだけで喜びや充実感につながります。しかし、それだけで満足してしまうのは、もったいないことです。目標に向かって奮闘しているときや、目標を達成したときに得られる喜びや充実感は、単に目標を持つことができたときとは比べものにならないくらい大きなものです。そもそも目標は達成してこそ意味があるものなので、せっかく目標を見つけることができたのなら、ぜひそこに向かって奮闘してみてください。

大きな夢の実現への道は、自分で切り開いていかなければなりません。まわりがお膳立てをしてくれるのを待っていては、いつまで経っても状況はなにも変わりません。そのような態度でいては、目標達成までのプロセスで得られる喜びや充実感さえ得ること

ができません。自分自身が覚悟を決めて、立ち上がらないことには、なにも始まらないのです。

もちろん、この挑戦は、夢の中身によっては大きなリスクが伴うことがあります。夢を追うことで、いまの恵まれた環境を壊さなければならないことがあるという意味です。

仮にいまの状況に満足しているとしたら、あえてその環境を壊すことなく、これまでと同じような道を歩き続けるのは悪くないと思います。そこそこの喜びや充実感が得られるなら、それで満足するというのも立派な一つの生き方だからです。それは悪いことでも恥ずかしいことでもありません。

しかし、満たされない思いを持っていて、それを解決したいと考えているなら、たとえいまは恵まれた環境にいても、新たな挑戦に向けた第一歩を踏み出していいのではないでしょうか。自分自身がそれを心から望んでいるとしたら、現状維持ではとても満足できないからです。そんな人にとって、強い心を持って動き始めることは、結果はどうあれ充実した人生につながる第一歩になるのはまちがいないでしょう。

そして、その決断を行うのは自分自身です。決断の結果がどうなろうと、すべての責任は自分で負わなければなりません。それは新しい道、挑戦への道を選んだ場合であるうと、そうでなかった場合であろうと同じです。挑戦するかしないかも含めて、選択権は自分自身にあるのですから、最後は自分で責任を負うしかないわけです。

どちらの道を進むかは、最終的に自分で決めなければなりませんが、いずれの道を進むにしても後悔の少ない道を選択してもらいたいと思います。少しでも悪い結果が出れば、心が折れそうになってしまうのが人間というものです。しかし、ダメージが小さいうちは、開き直ることができます。それが生きる活力につながるでしょうから、なるべくなら自分が心から望んでいる道を選択するほうが後悔は少ないだろうし、やはりそれが一番ではないかと思います。

●目標達成のために必要なこと

挑戦するのはたいへんなことです。とくにこれまでとちがった道を進む場合は、その瞬間から生活が一変するかもしれません。しかも、そのときの変化は、常にいい方向に向かうとはかぎりません。厳しい言い方になりますが、むしろ一時的には悪い方向に向かうことのほうが多いのが現実ではないでしょうか。

挑戦をあきらめる人が多いのは、じつはそのためです。挑戦には大きな不安を感じるし、実際に大きなリスクもあるからです。それまでそこそこうまくいっていたならなおさらです。これといった目標がないまま、まわりに流されるように生きるほうがましのように思えることでしょう。

しかし、それでも私はみなさんに、挑戦を行う人生を勧めたいと考えています。そのほうがはるかに大きな喜びや充実感が得られると信じているからです。また、夢を実現するのは、じつはそれほど難しいことではないという思いがあるからでもあります。それが大きな夢であってもです。

これは私の持論ですが、人間の能力にはそれほど大差がないと信じています。もちろん、超一流を目指す場合は別で、生まれ持った才能や能力がないとある道を極めるのはかなり難しいでしょう。しかし、一流になるのはそれほど難しいことではありません。ある道で一流になることは、生まれ持った才能や能力がなくても、考え方とやり方次第でだれにでも十分可能なことなのです。それは結局、同じ人間がやることなので、多少の差はあっても大きな差がつくことはないからです。

たとえば陸上の100メートル走で世界を制するためには、9秒台で走ることが必要です。そこで勝負ができる陸上選手は数えるほどしかいませんが、それより少し遅い、10秒台の前半で走る陸上選手なら世界中にたくさんいます。これが超一流と一流を分けている差です。才能や能力がないと行けない領域というのはたしかにありますが、超一流しか到達できない領域からわずか1秒にも満たないところには、多くの人が到達しているのが現実なのです。

いまのはあくまで、超一流と一流の差を比喩的に述べた例です。実際には超一流でなく一流になるのもたいへんで、だれもが到達できるものではありません。しかし、生まれ持った才能や能力がそれほどなくても、そのことが好きで、強いモチベーションを持って取り組めば、一流に近づくことはだれでも可能ではないでしょうか。もちろん、これは正しい努力を行うことが前提になります。これは脳科学的にも証明されつつあるようです。

いくら努力しても一流に近づけないとすると、それは必要な考え方やコツをつかんでいないということにほかなりません。戦略を知り、コツをつかみ、考え方ややり方をまちがえずに、なおかつ手抜きなどをせずに取り組むことができれば、どんなことであろうといずれは成し遂げることができます。これは私がこれまでの人生を通じて学んできたことでもあります。

私の辞書には「失敗」という言葉がありません。一つの結果を示しているこの言葉には、挑戦のための努力をあきらめるようなニュアンスが含まれているから、使わないようにしているのです。目指しているのが大きな目標なら、途中でうまくいかないことがあるのは当然です。そして、そこで挑戦をやめてしまえば失敗ですが、そもそも粘り強く努力を続けていたら、それは失敗にはなりません。つまり、世にいう失敗は、成功に至るまでの一つのプロセスにすぎないわけです。

人が成長するためには、様々な経験が必要です。それはいいことであろうと悪いことであろうとです。失敗というのは、その一つの経験でしかありません。そのことをわざわざネガティブなニュアンスが含まれている言葉で強調することはないのです。

繰り返しになりますが、だいたい挑戦を途中でやめなければ、それは失敗でもなんでもないわけです。目標達成までのプロセスにすぎないそんなものに心を折られるとしたら、これほどばかばかしいことはありません。それよりも困難な状況であろうと、粘り強く挑戦を続けていくことに集中したほうがいいでしょう。それが夢をかなえるコツではないでしょうか。

●戦略を考え、計画を立てる

ただがむしゃらに動いても目標は達成できません。目指しているのが大きな夢、すなわち大きな目標ならなおさらです。そういうものにチャレンジするときには、しっかりとした戦略が必要になります。

それではこの戦略は、どのように立てればいいのでしょうか。私がいつも心がけているのは、達成までの道程を仮説として考えることです。自分の目指している方向に現象を動かすには、どういうことをどこで行えばいいかを想像するのです。つまり、達成に至る行程モデルのようなものをつくるのです。そして、そのために必要な戦略を練っていけば、全体の計画がより立てやすくなります。

もちろん、この作業はいきなりできるものではありません。よほど慣れている人でないと、独力で戦略や計画を考えるのは難しいかもしれません。そういう場合は、同じような挑戦をして結果を出している人の戦略や計画を参考にするのも一つの手です。その人がどのような考えを持ち、どのような取り組み方をして結果に結びつけているかをじっくり検討してみるのです。そうすることでいろいろなことがわかってくるでしょう。

これはつまり、結果を出している人からいい部分を学ぶということです。真似ができるところは、どんどん真似をしてかまいません。ただし、条件がちがうので、完全に真似をしてもうまくいくとはかぎらないことを理解する必要があります。そのあたりは臨機応変に考えて、手本をうまく使いながら自分向きの別の戦略なり計画を考えるくらいの心づもりで取り組むことが大事です。

そのようにしてとにかく自分なりの戦略や計画を考えることができたら、次はそれを実行に移してみます。実際にやってみると、自分が立てた仮説のまちがいやおかしさなど問題点がよく見えてくることでしょう。

そのようにして明らかになった悪い部分を修正していけば、仮説はより実際に近いものになっていきます。それに基づいてよりたしかな戦略や計画に修正していけば、目標の達成にどんどん近づくことができるというわけです。

世の中には、最初からなんでもうまくやってしまう天才肌の人がいますが、こういうのは稀《まれ》です。たいていの場合、最初は考えた仮説のとおりにいかずに悩み苦しむことになります。しかし、これは悪いことではなく、前述のとおり望んだ最後に結果を導くために避けて通ることのできない必要な経験なのです。仮説の検討、それからそれに基づく戦略や計画づくりがなかなかうまくいかなくても、心を折られることなく粘り強く挑戦を続けていくことが成功のポイントなのです。

●計画は「時間軸」で考える

私は人間の能力を信じています。いまは結果が出ていない場合でも、問題点をクリアにし、それを踏まえてやり方を変えれば、状況を好転させることはできると考えています。それはどんな人であってもです。

しかし、これをかぎられた時間の中で行うとなると話は別です。人生は長いようで短いものです。そのかぎられた時間の中で夢をかなえるのは、それほど簡単なことではありません。描いているのが大きな夢であればなおさらで、こういう場合は綿密な計画が必要になります。

仮にあなたが確実に夢をかなえていくことを望んでいるならば、「時間軸」の発想を持つことが重要になります。時間の流れを意識しなければいけないという意味です。仮説を考えるときや、それに基づいて戦略や全体計画をつくるときには、そのことをぜひ考慮してください。そうすることで、描いている夢はよりかなえやすくなることでしょう。

残念ながら人間の人生にはかぎりがあります。昔に比べて最近は平均寿命が延びているとはいえ、それでもたいていの人は八十年程度しか生きることができません。しかも、自分で仮説を考え、戦略や計画を立てて新しいことや難解なことに挑戦できるのは、そのうちのかぎられた期間しかありません。描いている夢によっては、よほど効率よく進めないとかなえるのは難しいわけです。

もちろん、時間の制約は、夢の中身によってかなり変わります。たとえばスポーツのように体を動かすことが求められる場合は、活動できる期間はさらに狭まります。ビジネスなどに関する夢の場合は、年齢はあまり関係ないかもしれません。しかし、ものによっては、若い時期にある程度のところまでやっていたほうがいいこともあります。

たとえば、夢をかなえるのに、ある資格が必要になるとします。歳をとると、理解力が増すかもしれませんが、暗記のような単純記憶の能力はどうしても衰えがちです。こういうものは若い頃のほうが楽にできます。それなら優先してやるような計画を立てたほうが楽になるというわけです。

いまのはほんの一例ですが、時間軸の発想を持つとスケジュール管理ができるようになります。また、計画の変更、場合によっては夢の中身の変更も柔軟にできるようになるというメリットもあります。仮説に基づいて計画をつくるときに、いついつまでにどのようなことをするかを考えておくと、自分の置かれている状況がよくわかるからです。

仮に計画が順調にいっているならそのまま進めばいいのですが、遅れているならそれを取り戻すようにしなければならないでしょう。また、単純な時間の遅れならまだいいものの、問題が生じて望んでいる方向に現象が動かなくなっているなら早々に手を打つことが求められます。こういう場合は、もともとの戦略や計画に無理がある可能性があります。それならそれでこれらの見直しを早々に行うことができれば、時間や労力のロスを少なくすることができるでしょう。

もちろん、それでもなかなか計画が進まないようなら、最初に描いた夢を下方修正することも考えなければならないでしょう。そこはじっくりと検討しなければいけないところです。

かなえられない夢をずるずると追い続けるより、実現を優先して目標を下方修正したほうがいい場合もあります。その反対に、予定以上の成果が出ているようなら目標を上方修正してもいいでしょう。場合によってはまったく別の方向に歩き出したほうがいいこともありますが、いずれにしてもこういう検討は、時間軸が入った計画があるほうがやりやすいわけです。

●「新しい発想」のつくり方

だれかが成し遂げた夢の後追いなら、成功した先達を手本にしながら戦略や計画をつくることができます。しかし、だれもやっていない新しいことを行うときには、そのやり方は使えません。そういう場合は、これまでにない発想が求められることになるかもしれません。

これはかなりたいへんなことです。なにもないゼロの状態からやろうとしたら、膨大な時間がかかってしまうからです。しかし、そういうものにも、じつは手本になるものはあります。そういうものを参考にすることで、効率よく進めることは可能なのです。

たとえば、私が力を注いでいる地域振興にも、手本になるような姿勢を示しているものがあります。地域振興の世界では、よく「よそ者、ばか者、若者が町を変える」ということがいわれています。これなどは、まったく新しいことを始めるときの姿勢として大いに参考になります。

ここでいう、よそ者、ばか者、若者の三者は一種の象徴だと考えてください。これらが表しているのは、だれもやっていない新しいことを行うときに必要な姿勢です。実際、これらの人たちの姿勢をうまく取り入れながら行ったほうが、これまでにない新しいことを行うときにはいい結果を導きやすいのはたしかなようです。

それでは三者が象徴しているのはどんな姿勢でしょうか。まず「よそ者」ですが、これは地域固有の価値観に縛られていないことの象徴です。そして、次の「ばか者」は、常識にとらわれない発想をすることを象徴しています。つまり、これらは固定観念に縛られることなく、自由な発想をすることの大切さを表しているというわけです。

最後の「若者」は、夢を抱いてがむしゃらに走ることの大切さを象徴的に表しているものです。これも新しいことに挑戦するときに重要になる姿勢です。だれも経験していないのですから、どれくらい走ればゴールにたどり着けるか皆目わかりません。こういう場合でも心を折られることなく、その瞬間瞬間を大切にしながら進んでいくことで道を切り開いていくしかないわけです。

この三者は、ことに保守的なコミュニティの中では排他的な扱いを受けがちです。実際、この種の人たちがコミュニティの中に入っていくと、歓迎されないどころか疎まれたりすることがよくあります。しかし、これまでにない新しいものをつくるときには、こういう人たちが持っている要素が不可欠なのです。そのため地域振興の世界では、そのことを強調するためにあえてこのようなたとえをしているようです。

そもそも固定観点に縛られない、新しい発想ができないことには、新しいものをつくることができません。そのときには、壁にぶつかることが何度もあるでしょう。それを突破していくには、夢に向かってひたすら突っ走っていくがむしゃらさも必要になります。そして、このような姿勢を心がけていれば、だれも経験していない挑戦であろうと、いずれ必ず道を開くことができるというものです。

●よいことは習慣化し、笑いとともにポジティブに

夢をかなえるには時間がかかります。描いた夢の中身によって大きく異なりますが、生涯をかけて取り組む価値のある大きな夢ならなおさらです。かなえるためには、それ

こそ一生を費やさなければならないかもしれません。

このように挑戦の期間が長ければ、途中でだらけてしまうことがあります。これは人間の宿命のようなもので、高いモチベーションをずっと維持し続けるのは現実的にはかなり困難です。途中でだらだらすることがあるのはふつうですが、それでも挑戦そのものを継続できるならまだましなほうです。中には途中で走るのをやめて、挑戦そのものをあきらめてしまうことだってよくあります。

それではそうならないためにはどうすればいいのでしょうか。ここでのポイントは、モチベーションをどう維持するかということです。理想は高い状態で持ち続けることですが、現実的にはまず難しいでしょう。途中で低くなることがあるのはやむを得ないとしても、ゼロになって挑戦そのものをあきらめるようになるのは避けたいところです。

モチベーションの維持の方法として有効なのは、くじけそうになったときにこそ夢を強く意識することです。挑戦を長く続けているとだらけてしまう瞬間もありますが、初心に帰ることができれば、そこから再びモチベーションを上げることはそれほど難しくありません。その意味では、モチベーションが下がったときには自分がその夢を描いたときのことを意識し、思考をより深めるようにするといいかもしれません。

モチベーションの維持の方法としては、時間軸を考慮し、目標を細かく決めていく方法なども有効です。たとえば、一年後の自分、二年後の自分の姿を想像して、それを当面の目標にするのです。

長い時間がかかるたいへんな挑戦でも、目先の目標が見えていると意外にがんばることができるものです。一応の期限を設定して、途中地点の目標を細かく考えることは、このようにモチベーションの維持につながるわけです。

挑戦が長期に及ぶ場合は、ふだんの生活態度や思考にも気をつけたほうがいいでしょう。ここでのポイントは、モチベーションが下がることはなるべくしないようにして、逆に上がることは積極的に行うことです。このようなことを心がけていると、長く続く挑戦であっても安定した状態で取り組むことができます。

たとえば、私の場合は、ふだんからネガティブなことを口にしないように心がけています。否定的なことを口にすると、心や思考が否定的になることがあるからです。これはとくに調子が悪いときほど要注意です。うまくいかないことが続くと、心が折れそうになり、否定的なことを考えがちだからです。

そんなふうに弱気になったときには、意識して前向きなことを言ったり、考えたりするように心がけてみるのもいいと思います。不思議なもので、前向きな態度は前向きな現象を引き寄せることがあるからです。いずれにしても、ポジティブでいたほうが、ぶつかった壁を早く突破することができるでしょうから、試してみる価値は十分あります。もう一つ、常に「笑い」が必要です。肉体的にも精神的にも「笑い」に大きな効果があることは医学的にも立証されています。

ほかにも自分の夢を積極的にまわりに話すようにすることでモチベーションを上げるとか、なにか好きなものを我慢することで挑戦へのエネルギーを高めていくといった方法もあります。ただし、これらはだれでも使えるようなものではありません。そこは向き不向きがあるので、自分に合っているかいないかを見極めながら、自分にとってプラスになる生活態度や思考を探していくことが大切です。

そして、プラスになるよいものは習慣化させ、逆にマイナスになることはしないように心がけると、安定した状態で挑戦が続けられるでしょう。ぜひ自分のことをよく知り、自分なりの方法をつくってうまく駆使しながら、モチベーションの維持に励んでみてください。

●よき理解者をつくる

人間が一人でやれることはかぎられています。とくに大きな夢の場合は、自分一人で挑むより、まわりの協力があったほうがかなえやすくなります。

挑戦している途中でぶつかる様々な困難を乗り越えていくためには多くのエネルギーが必要になります。精神的に支えてくれる人がいると、このエネルギーを補えるし、資金的にサポートしてくれる人がいたほうが継続的な挑戦ができるというものです。

私は神主という立場にありますが、アメリカの精神性もなかなか好きです。フロンティアの国と呼ばれるようにアメリカには、挑戦を奨励する文化があります。新しいことを始めるのは大きなリスクが伴います。それでも後押しをしてくれる文化があるというのは、夢を描いている者にとってはたいへん心強いことです。

意外に思われるかもしれませんが、じつは日本もかつては新たな挑戦を積極的に行う国でした。明治維新以降の繁栄や第二次世界大戦後の目覚ましい復興は、まさしくこうした新たな挑戦によってもたらされたものです。当時は、いまでいうところのベンチャー企業が数多く立ち上げられました。その中には、その後に大企業と呼ばれるまでに成長を遂げた企業が多々ありましたが、これらが日本経済の礎《いしずえ》となってきたわけです。

ところが、残念なことにいまの日本では、新たな挑戦を積極的に奨励する文化は影を潜めているように見えます。これは戦後、国策として進めてきたことの影響ではないかと私は見ています。新たなことに挑戦する中で生まれた新たな産業を育てる過程では、効率的な管理ができる人材が必要です。そういう人たちを積極的に育てることに力を注ぐ一方で、新たなことに挑戦する人材の育成がおろそかになってしまったことで、日本はいつの間にか「挑戦しない国」のようになってしまったのではないかと思うのです。

古き良き伝統を大事にするのが日本の文化です。いま求められているのは、もともとチャレンジ精神が旺盛だった日本人が積極的に新たなことに挑戦する文化を復活させることではないでしょうか。いまあるものを持続的に発展させていくことも大切ですが、そればかりに力を注ぐのはどうかと思います。時代や環境が大きく変わっている中で、求められているものは確実に変わっているのですから、やはりそれに合わせて教育体系ややり方などを変えていくことが大事ではないでしょうか。

私は若い起業家の支援を行っていますが、残念なことにいまの日本では新たな挑戦が否定的に見られているのが現実であることは否めません。まわりがただ黙って見守ってくれるのはいいほうで、だれかが事業を始めようとすると、先生をはじめ、親族や親戚一同まで出てきてやめさせようとすることがあるくらいです。もちろん、これはいまの制度に大きな問題があるから起こっていることです。日本の場合、失敗したときの被害が借金という形で身内にも及ぶようになっているので、まわりはリスクを考えて、つい挑戦そのものを妨害する側に回ってしまうわけです。

こうなると「新しいことに挑戦するのはすばらしいこと」という精神論をいっているだけでは、夢をかなえるどころか挑戦することさえできなくなってしまいます。そこは頭を働かせて、しっかりと対応しなければいけないところです。少なくともまわりが挑戦を許してくれるようにしなければいけないし、できればよき理解者として精神的、さらには資金的な支援をしてくれる人をつくりたいものです。

じつはこういうよき理解者をつくるのは、それほど難しいことではないと私は考えています。たとえば起業の世界でも、お金がない人が事業を立ち上げるのを支援するエンジェルファンドのようなものが各地にあります。また、組織としてではなく、個人として支援している人もたくさんいます。これはすべての分野にいえることで、夢への挑戦を手伝ってくれる人は、世の中には意外に多いのです。

もちろん、こういう人たちから支援を受けるためには、自分の熱意を訴えながら、相手を説得することが求められます。ものによっては審査など面倒な手続きもあるでしょう。しかし、夢をかなえたいという強いモチベーションがあれば、こういうものはまったく苦にならないのではないでしょうか。

まわりの人を動かすには、戦略だけでなく強い心が必要です。それは夢をかなえるために欠かせないものです。よき理解者づくりにも、そうした強い心を持ってぜひ取り組んでみてください。

最終章

みなさんへ

——あとがきに代えて

●挑戦しない日本の未来

世の中は常に動いています。そして、その動きは、必ずしもいい方向への変化をもたらすとはかぎりません。

戦後、日本は敗戦をバネに、世界第二位の経済大国へと上り詰めました。しかし、近年は他国の猛追を受けて、世界の中でかつてのような存在感を発揮できなくなっているのは周知のとおりです。そして、この原因は、日本が新たな挑戦を怠ってきたことにあると私は考えています。

新たなことに挑戦しないで、安全な道を歩くことを好むのは、日本人の気質と考えている人が多々いるようです。しかし、私はそうは思いません。近年の日本の歩みはたしかにそうかもしれませんが、歴史を振り返ってみると、日本人が随所で挑戦を行っていることがよくわかるからです。

たとえば、明治維新のときには、欧米に追いつくことを目標に、新たな産業を次々と興す動きが生まれました。しかも、それは国家が主導したものばかりではありません。私が尊敬している渋沢栄一のように、官から民に下野《げや》し、民間の中で自発的に行う人もいました。

これは戦後の復興もしかりです。時代が大きく変化する中で、新たなことへの挑戦が次々と行われてきたのです。そして、それら多くの種から芽が出て、やがて大きな花をたくさん咲かせることができたからこそ、繁栄という実りがもたらされたのではないでしょうか。

また、日本には百年以上活動を続けている百年企業がたくさんあります。じつはこれも、挑戦する文化があるからこそのものだと見ることができます。

日本の百年企業の数は二万六千社ほどとされています。さらに二百年以上活動を続けている二百年企業の数を見ると、このうちの三千社ほどだということです。世界的に見た二百年企業の数は五千六百社ほどといわれているので、半分以上が日本の企業ということになります。

一般的に、企業の寿命は三十年程度といわれています。これは社会や産業構造の変化などから算出された数字のようです。あるビジネスモデルを確立して、それで収益を上げることができても、三十年もすれば時代が変わってそのモデルがだんだんと通用しなくなっていくということのようです。

この見方がすべてのことに当てはまるわけではありませんが、一つのモノサシにはなります。そして、この見方で長寿企業のことを考えてみると、日本に百年以上の長きにわたって活動が継続できている企業が多いのは、程度に差はあれ、時代の変化を見ながら新たな挑戦を行い、収益を上げることができるビジネスモデルへと変化させてきたからだと考えることができるのではないでしょうか。

こうした長寿企業がある一方で、対極には時代の変化に対応できずに消えていった企業がたくさんあります。数としては、むしろこちらのほうが多数派になるのはいうまでもないことです。その大半は経営基盤が脆弱な中小企業ですが、ときにはそこにいわゆる大企業が入ることがあります。ことに時代の変化が著しい昨今は、有名な企業、大手といわれる企業が倒産し、消えてなくなることが珍しくなくなりました。

それはつまり、新しい挑戦を行い、時代に合った新しいビジネスモデルを構築できなければ、大企業といえども消えてなくなる危険があるということです。実際、旧態依然のやり方しかできない企業は、大手であっても次々と消えています。これが日本の中で現実に起こっていることです。

そもそもいまの繁栄は、過去の新しい挑戦によってもたらされたものではないでしょうか。そのことを忘れている人があまりに多いように思われます。過去に蓄積した貯金があるうちは、恩恵を享受できるのは当然です。しかし、だれもが安定を求めて、新しいことに一切挑戦しなくなったらどうなるでしょう。貯金がなくなった段階で、たいへん困ったことになるのは目に見えています。

これがまさしく、いまの日本ではないでしょうか。新しいことへの挑戦を嫌がり、安定を求める人ばかりが増えているのですから、その先の結果は火を見るより明らかです。未来に希望が見いだせない人が増えているといわれるのは、こういうことが背景にあるように思えてなりません。

●自分ができる形で新たな挑戦を行う

とはいえ、新しいことに挑戦しないのがいかに危険なことか、日本の多くの企業はよくわかっているようです。そのためこうした挑戦を積極的に行っている企業もたくさんあります。生き残りをかけて、新しい時代に合った新しいビジネスモデルを構築しようと、いろいろと模索をしているのです。

こうした企業は当然、そういうことができる人材を求めています。かつては時代の流れに合ったビジネスモデルが確立されていたので、それをきっちりと運用する能力がある人が重宝されていました。しかし、新たなビジネスモデルの確立には、それとはまた別の能力が必要になります。その能力を一言でいうと、「問題解決能力」といっていいでしょうが、最近はそのような力を有した人材を求める傾向が強いようです。

この問題解決能力の高い人というのは、じつは私が勧めている「自立した生き方ができる人」とほぼイコールです。自分で課題を見つけて、それを自力で解決していけるのが自立している人です。そういうことができる人は、自分が直面している問題だけでなく、自分が属している組織が直面している問題を解決することができます。

こういう人は当然、組織から高く評価されます。そこにはもちろん、組織のルールや秩序、さらには利益を守る行動ができるということが前提としてあります。それができて、なおかつ問題解決能力が優れているなら、力が認められて、より高度な判断力が求められるポストに抜擢されることになるでしょう。それは責任の伴うたいへんな仕事ですが、やり甲斐を感じられるでしょうから、そういう道が歩けるのはすばらしいことだし、必ずや充実した人生につながるでしょう。これもまた、自立した生き方をすることのメリットの一つです。

繰り返しになりますが、私はこうした人生を否定しているわけではありません。既存の組織に属して、その中で新しい挑戦を行うのは、それはそれでたいへんすばらしいことです。そういう動きがあちこちで起これば、日本が元気になっていくでしょうから、多くの人に目指していただきたいと思っています。

前にもいいましたが、人生というのは学校のテストとちがって、「一つの正解しかない」というものではありません。百人いれば百通りの人生があります。自立した生き方というのも同じで、百人いれば百通りの自立があります。どんな自立を目指すかは、その人の資質や好み、考え方などによって決めればいいものなのです。

ただし、そのときにはなるべく、自分だけでなくまわりの利益も考えるようにしてください。そうすることで、日本全体を元気にすることができるからです。

●新しいことは新しい発想がないとできない

一方で、高い問題解決能力を有している人には、なるべくなら自ら創業する道を選択してもらいたいと願っています。これは私の率直な思いです。

ビジネスというのはある意味、問題解決のようなものです。とはいえ、ここでいう問題は、必ずしも明確な形で見えているものではありません。多くの場合、市場の中によくわからない形で潜んでいます。そして、こうした潜在的ニーズに応える物やサービスなどを提供するのが一つの目標で、それができる仕組みをつくることがビジネスモデルの構築ということになるわけです。

既存の組織で新たな挑戦を行う場合は、たいていはそれまで続けてきたことをベースにします。新たなビジネスモデルの構築といっても、いまあるものに改良を加えることが多くなります。これは三十年といわれる寿命を超えて生き続けるために必要な改良です。それをしないと事業の継続が困難になることもあるのですから、決しておろそかにすることはできない大事な挑戦です。

また、新たな挑戦の中には、こういうのとは別に、まったくのゼロの状態から新しいビジネスモデルをつくりあげるものがあります。これは従来なかった新たな産業の創出につながるものです。いまではかなり一般的になっていますが、例としてはＩＴ（情報技術）に関するものがやはりわかりやすいでしょう。新興産業の中で通用する新しいビジネスモデルを確立すると、大きな収益力を持つことができるし、場合によっては日本国内のみならず、世界の市場で大きな影響を発揮することになります。

こういうゼロの状態から行う新たな挑戦を既存の組織の中で行うことはよくあります。資金力や豊富な経験があるので一見すると有利に見えますが、そのじつ、たいていはうまくいっていないのが実態です。すでに別の分野で成功している組織というのは、過去の成功体験から学んだことに縛られがちです。しかし、まったく新しいことへの挑戦というのは、固定観念に縛られないフレキシブルな発想がないと成功させるのは難しいので、組織の文化や考え方が確立されていると、逆にそれが大きな障害になってうまくいかないことが多いと考えられています。

じつはまったく新しいことへの挑戦は、固定観念のない、新しい発想を持っている人が取り組んだほうがうまくいくという傾向があります。それは私自身が体験してきたことでもあります。

私立の学校や専門学校はいまでこそ日本全国にありますが、私が新潟に専門学校をつくったのは教育分野に民間からの参入が相次いだ草創期の頃です。いわば教育事業が新しい産業としてスタートしたときで、私自身、それまで教育事業に携わった経験がなかったことが幸いして、固定観念に縛られずに市場の中の潜在的ニーズを正しく見ることができました。そして、そのことを大きな武器にできたから、古くから参入していた業者と対等に競争ができたし、その後の躍進につながったということだと思います。

もちろん、既存の産業分野の中でも、新しいことに挑戦するときには固定観念に縛られない新しい発想が必要になることはあります。新しい産業をつくるような挑戦の場合は、なおさらこういうものが必要になるわけです。そして、そういう新しい発想というのは、完成された既存の組織からはなかなか生まれてこないものです。むしろ新しい発想を持った人が新しい組織をつくって挑戦するほうが、うまくいく可能性が高いのです。日本がこれからも発展し続けるためには、こういう動きが活発になることは不可欠です。新しいことに挑戦し、新しいビジネスモデルを構築することは、そのまま未来の繁栄につながります。

私が起業家を目指している人、新たな挑戦を行っているベンチャー企業を支援しているのは、まさしくそのことが理由です。この活動は日本全体を元気にすることにつながるので、優れた問題解決能力を有している人には、なるべくなら自ら創業する道を進んでもらいたいと考えているわけです。

●新たな挑戦を支援する輪を広げよう

そうはいっても、創業者の道を選択するのはなかなか簡単なことではありません。たとえ大きな志や目標を持つことができたとしても、新しいことに挑戦するときには不安がつきものだからです。

この不安は希望や期待と表裏で、不安が大きければ大きいほど、希望や期待は大きくなります。その状況を楽しむことができれば、人生はかなり充実したものになります。しかし、多くの人は不安のほうが気になるし、できれば避けて通りたいと思うので、なるべくなら新たな挑戦を避ける道を進む傾向があるということだと思います。

これはある意味、仕方がないことです。そもそも新しいことへの挑戦は、成功より失敗することが多いものです。そう考えると、はじめから挑戦そのものを避けるというのは、人生における選択としては「賢い生き方」といえなくもありません。

私の経験からいうと、新しいことへ挑戦する途中というのは、見込み違いや突発的な出来事が起こって、行く手を阻まれることがザラにあります。これは完璧と思える事業計画を立てたとしてもです。しかも、それが一度や二度ではなく、何度も続くことがあります。これでは挑戦者がよほど強い気持ちで臨んでいないと、途中で心が折れてしまうでしょう。

率直にいえば、この状況を一人で乗り越えていくのはなかなか困難です。目の前の障害を強い気持ちで乗り越えられるならいいのですが、中には精神論では太刀打ちできない障害があるからです。

たとえば、乗り越えるために、アイデアや事業を継続するための資金が必要なのに、それを用意できなかったらどうなるでしょうか。こういうことは現実によくあります。こういう場合、本人がいくら強い気持ちを持っていようと、なかなか乗り越えられるものではありません。おそらくこの人は、志半ばで挑戦そのものを放棄せざるを得なくなってしまうでしょう。

私が起業家の支援活動を行っているのは、こういうことを避けられるようにするためです。未来の繁栄の種をまき、それを一生懸命育てようとしている彼らを見殺しにするようなことがあってはならないと考えているのです。まして新しいことへの挑戦に否定的なのがいまの日本の風潮です。こんなことをしていては未来の繁栄は望めないし、それは自分たちの首を絞めているようなものではないでしょうか。

本来、日本の明るい未来につながる活動に取り組もうとしている彼らの挑戦は、国をあげて応援されてしかるべきものです。温かく見守るのはもちろんのこと、ときには資金的な支援を行うことだって必要です。そういう体制がないと、だれも新しいことに挑戦しなくなってしまいます。これでは日本の未来に希望が持てなくなってしまいます。

そこで最後に、みなさんにお願いがあります。それは、彼らの挑戦の価値を理解できた人は、彼らの活動に対して積極的な支援を行っていただきたいということです。もちろん、この支援は自分ができる範囲内で構いません。

たとえば、新しいことへ挑戦している人を見て、「あの人は価値のあることをしている」とか「ああいう人の生き方を真似したほうがいい」とだれかに話すだけで、それは精神的なサポートを行うことになります。

若者の多くが公務員や大企業のサラリーマンになることを目指している傾向は、最近も続いています。それ自体は悪いことではないと思いますが、「寄らば大樹の陰」で組織に依存するようなことはやめたほうがいいでしょう。自立した生き方ということでいうと、ぜひ組織の中でトップランナーを目指す生き方を目指していただきたいと思います。そうすることで人生は、より充実したものになるからです。

そして、新たなことに挑戦して創業経営者になることは、それ以上に賞賛されることになってもらいたいと私は考えています。創業とは本来、個人だけでなく社会的にも、それくらい大きな価値があることだからです。実際、創業がそのまま新しい産業の創出につながることがあるし、それが多くの雇用を生み出し、地域や国の経済に大きく寄与することがあります。それくらい大きな価値のあるもので、新たな挑戦に取り組むことがすばらしいことであるという空気をこの日本につくるために、ぜひそうした話をまわりにどんどんしてもらいたいのです。

また、お金に余裕のある人は、機会があれば創業を目指している人に資金的な援助を行ってください。この援助はだれかれ構わず行うのではなく、価値があると思われる挑戦に向けて行うべきです。ベンチャーを支援するファンドはまだまだ少ないのが実情です。支援の輪が広がれば広がるほど新しいことへの挑戦は行いやすくなります。それこそいいアイデアに無担保でお金を出資するファンドがあれば、アイデアを持っている人は挑戦がしやすくなるからです。

こういうファンドを自治体がつくるケースもありますが、行政に重い腰を上げさせるには時間がかかります。それよりも地域の有志が集まって民間のファンドをつくるほうが動きは速いし、効果的な支援を行うことができるでしょう。だから私は、こうした動きが官だけでなく、自然発生的に民にも広がっていくことを大いに期待しています。

新しい挑戦を支援する動きが活発になったら、必ずや日本全体が元気になるでしょう。これはこの日本を多くの人たちが幸福を得られる場所にすることにつながるので、少しずつでも支援の輪を広げていければと考えています。

池田 弘（いけだ・ひろむ）

実業家。NSGグループ代表、アルビレックス新潟取締役会長、愛宕神社宮司などを務める。2013年、渋沢栄一賞を受賞。
1949年、新潟市古町（現・新潟市中央区古町）にある愛宕神社の宮司の家に生まれる。新潟県立新潟南高等学校を卒業した後、國學院大學で神職を学び、1977年に愛宕神社宮司となる。同年、新潟総合学院を開校し、理事長に就任。代表を務めるNSGグループは大学院大学、大学、専門学校、高等学校、学習塾、資格試験スクール、英会話スクールなどの教育機関を中心に、医療福祉事業、商社、広告代理店、ホテル、給食サービス、IT・ソフトウエア、起業支援・アウトソーシングなどの事業を展開している。1996年、アルビレックス新潟代表取締役に就任。地域密着型のビジネスモデルを導入して経営危機を乗り越え、観客動員数を国内トップにまで押し上げる。2003年にはJ2でリーグ優勝。J1昇格を成し遂げた。現在は、起業家支援プロジェクトにも力を入れ、各方面で精力的な活動を行っている。以上の役職に加え、新潟経済同友会筆頭代表幹事、（公社）日本ニュービジネス協議会連合会会長、日本プロバスケットボールリーグ（bjリーグ）取締役会長、異業種交流会501会長、日本ベンチャー学会副会長などを務める。『私と起業家6人の挑戦　自分の道を探す若者たちへ』（ウイネット出版）、『地方の逆襲「格差」に負けない人になれ!』（PHP研究所）、『神主さんがなぜプロサッカーチームの経営をするのか』『奇跡を起こす人になれ!』（以上、東洋経済新報社）、『アルビレックス新潟の奇跡—白鳥スタジアムに舞う』（小学館）など著書は多数。

ブックデザイン　長谷川理（Phontage Guild）
編集　宮島敏郎（NSGグループ広報室）／山口文生／小島卓（東京書籍）

かなえる力《ちから》

平成二十六年五月十八日　第一刷発行

著者　池田《いけだ》弘《ひろむ》
発行者　川畑慈範
発行所　東京書籍株式会社
〒114-8524　東京都北区堀船2-17-1
電話　03-5390-7531（営業）
　　　03-5390-7526（編集）
HP　http://www.tokyo-shoseki.co.jp/
印刷・製本　株式会社リーブルテック
乱丁・落丁の場合はお取り替えいたします。
本体価格はカバーに表示してあります。

ISBN 978-4-487-80847-2 C0095